**영어가
만만해지는 책**

영어 때문에 멘붕 오는 당신을 위한

영어가
만만해지는 책

벤쌤 지음

체인지업
CHANGEUP

CONTENTS

3장 · 영어 공부에 날개 달기

4장 · 영어 쉽게 배우는 방법이 있다는 달콤한 거짓말에 속지 말 것

5장 · 벤쌤의 영어 패치 트레이닝 따라 하기

1장
한마디라도 괜찮아,
영어답게
말할 수 있다면

네가 배운 건 가짜 영어야

한 병으로는 부족할 것 같아 우황청심원 두 병을 연거푸 마신 뒤, 종로 YBM어학원의 널찍한 홀에 들어섰다. 시범강의를 위해 마련된 자리는 40명 정도 수용되는 강의실이었다. 원장을 포함해 강사로 보이는 네 사람이 자리에 앉아 있었다. 그중에 금발의 외국인 강사 한 명도 섞여 있었다. 강단에 서서 간단히 자기소개를 마치고, 준비해 간 영어 수업을 진행했다. 시범강의를 마치자 자잘한 질문이 이어졌다. 면접이 마무리될 즈음, 나는 원장을 바라보며 말했다.

"이 강의실은 너무 좁습니다. 수강생이 금방 늘 텐데 더 넓은 강의실로 바꿔 주세요."

원장이 피식 웃었다.

그 후로 1년 뒤, 원장은 당시를 이렇게 회상했다.

"처음부터 자신이 무슨 고래라도 되는 것처럼 '이 어항은 작아요'라고 말하는 사람들이 있죠. 강사 경력도 없는 분들이 가끔 그런 호기를 부려요. 이 세계가 어떤지 아직 잘 모르니까 혹은 자신이 어디까지 할 수 있는지 아직 경험해 보지 못했으니 그런 걸 수도 있고, 또 원래 그런 성향일 수도 있어요. 그런데 제가 종로 YBM어학원을 지금껏 이끌어오면서 알게 된 것은, 진짜 1타강사는 그렇게 말한 사람 중에서 나온다는 거예요. 그래서 넓은 강의실을 달라고 벤쌤이 말했을 때 느낌이 왔죠. 오, 물건이 왔네!"

종로 YBM어학원에서 강의한 지 1년이 되어갈 무렵, 원장은 나에게 수강생의 숫자를 알려주었다. 원장은 약속대로 학원에서 가장 큰 강의실을 배정해 주었다. 내가 맡은 〈벤쌤의 YBM 말백타 영어회화 SIET〉은 본원 강의 가운데 가장 큰 자리를 차지하고도 빈자리 하나 없이 꽉 찬 인기 강의가 되었다.

나를 영어의 세계로 이끌어준 동네 형이 이렇게 말했다.

"개천에서 용이 두 마리 났다."

내가 용인지는 잘 모르겠지만, 진짜 용처럼 보였던 그 형은 나중에 외교관이 되었다. 내가 살던 동네는 200명 남짓한 밀양의 작은 딸기 마을이었으니, '용이 두 마리 났다'는 표현이 아주 틀린 말은 아니었다. 그 형은 한때 내 면전에 대고 "네가 배운 건 영어가 아니야"라는 희대의 명언을 남겼는데, 나는 그 말을 고이고이 접어 자존심 주머니에 넣어두었다. 토익 900점에 상응하는 토플 점수를 가진 인재에게 내가 하는 영어가 영어가 아니라니, 어디 가당키나 한 말인가. '웃기지 마'라고 대꾸하고 싶었지만, 거울 속 내 모습은 답을 찍는 능력 외에는 자랑할 게 하나도 없는 불완전한 학습자일 뿐이었다. 그날 이후 나는 마치 귀신에 홀린 것처럼 그때까지 학원에서 배운 공부법을 다 버리고 그 형의 발자취를 따라 진짜 영어의 세계로 걸어 들어갔다.

놀러 다니는 것밖에 모르던 학창 시절, 친구들이 나를 '변절자'라고 부르게 된 것도 따지고 보면 형이 던진 그 한마디 때문이었다. 다른 건 못해도 영어 하나는 잘해보고 싶었으나 방법도 모르고 생각도 모자랐던 나는 형이 내게 한 그 한마디 말을 꼭 붙들었다. 그 덕분에 진짜 영어를 만났다.

그때가 2005년이었던 것 같다. 벌써 15년 전이었던 그날, 내 영혼까지 뒤흔들었던 그 말을 나는 '어제와 똑같이 공부하면서도 뭔가 달라질 수 있다고 믿는 사람들에게' 선물하고 싶다.

"미안하지만 지금까지 네가 배운 건 가짜 영어야."

진짜 영어 한마디

"You know what Einstein said? Insanity is doing the same thing over and over again and expecting different results. so please do something different.
(아인슈타인이 뭐라고 했는지 알아? 정신이상이란 같은 것을 반복하면서 다른 결과를 기대하는 것이라고 했어. 그러니까 제발 다른 걸 좀 해봐.)"

발음 'Einstein'은 '아인슈타인'이 아니다. '아인스따인'에 가깝다. 'Insanity'는 인새'니'티가 아니라 인새'너'티에 가깝다. 'again'은 '어게인'이 아니라 '어겐'에 가깝다.

의미 'Insanity is doing'은 '정신이상은 ~하고 있는 중이다'가 아니라 '정신이상은 ~하는 것이다'라고 이해해야 한다.

상황 매일 놀기만 하면서 '왜 나는 학점이 이 모양이지?'라고 푸념하는 사람한테 들려주면 딱인 말이다. 느낌은 이렇다. '이 딱한 놈', '정신 좀 차려.' 참 속 터지는 답답한 상황에 처한 누군가에게 충고를 해주고 싶을 때 쓴다.

응용 'You know what (Einstein) said?'는 많이 쓰이는 표현이다. 이 표현은 순수하게 묻는 게 아니라 인용하기 전에 쓰이는 표현이다. 느낌은 상황에 따라 달라진다. 기가 막혀서 '얘가 뭐라고 했는지 알아?'라고 물을 수도 있고, '너도 알잖아?' 하는 기분으로 말할 수도 있다. 괄호 부분에 'my mom'을 넣으면 '엄마가 뭐라고 했는지 알아?'가 되고, 'my girl friend'를 넣으면 '여자 친구가 뭐라고 했는지 알아?'가 된다.

무엇이 진짜 영어인가?

과거 인종차별로 유명했던 미국 남부 미시시피의 한 호텔에서 요리사로 일한 적이 있다. 나보다 두 달 늦게 합류한 한국인 요리사가 있었는데 그의 영어는 엉망이었다. 하루는 배가 너무 아파 호텔 의무실에 갔는데 그는 또렷한 한국어 발음으로 이렇게 말했다고 한다.

"스.토.마.치.에.이.치!stomachache!"

아마도 발음이 난해했는지 의무실 직원이 무슨 말인지 모르겠다는 듯 어깨를 으쓱했던가 보다. 이 친구가 나를 찾아왔다. 배가 아파서 의무실을 가야 하는데 말이 안 통하니 도와 달라는 부탁이었다. 그 친구를 앞세워 의무실로 향했다. 알고 보니 의무실 직원이 못 알아들은 게 아니었다. 왜 아니겠는가. 그 친구가 분명 배를 문지르며 인상을 찡그리고 말했을 텐데 말이다. 설령 말귀는 못 알아들어도 아주 기초적인 보디랭귀지를 알아차리지 못한다는 게 말이 되는가? 그곳이 호텔 로비나 식당이었다면 화장실을 찾는 건지, 배가 불러 못 먹겠다는 건지 오해할 수도 있겠다. 그러나 그곳은 의무실이 아닌가?

가만히 사정을 따져보니 의무실 직원은 일부러 못 알아들은 척했던 것 같다. 왜? 재밌으니까 골려 먹고 싶었을 테지. 일단 약을 타는 게 급선무였다.

"He told me that he has a belly pain and it started about an hour ago. It feels like somebody's stabbing him.(이 친구가 배가 아프대요. 한 시간쯤 전부터 그랬다는데, 누가 콕콕 찌르는 거 같대요.)"

'stomachache' 대신 'belly pain'이라는 표현을 넣어 이 친구가 지금 복통으로 고생한다는 사실을 알렸다. 어디가 어떻게 아픈지 추가적인 질문과 답변이 이어진 뒤 의무실 직원이 약을 처방해 주었다. 의무실을 나서려는 그때, 의무실 직원이 못 믿겠다는 표정을 하며 내게 말했다.

"How do you guys know each other? You sound just like a native (speaker), but you know, he….(너희들 어떻게 아는 사이야? 넌 원어민처럼 영어하는데, 알다시피 얘는….)"

며칠 뒤, 복통을 앓던 그 영알못 친구가 존경의 눈빛으로 나를 바라보며 말했다.

"나 영어 좀 가르쳐 주면 안 되냐?"

"내가 뭘 가르쳐."

"돈 줄게."

가만 생각해 보니 나도 영어 못해서 힘든 적이 있지 않았던가? 내가 영어로 힘들어할 때 동네 형이 멘토가 되어주었듯이 나도 누군가에게 도움을 줄 수 있겠다고 생각했다.

"돈은 됐고, 내일부터 시작하자."

다음날 녀석은 영어 학습서를 들고 왔다.

"책은 필요 없어."

"그럼, 뭐로 공부해?"

"너 전에도 책 보고 공부했지? 책 보고 실패했는데 또 책으로 하려고? 안 돼. 버려."

그 친구는 나와 같은 호텔에서 근무했지만 일하는 곳이 달랐다. 나는 그 친구에게 주방에서 현지인 요리사들과 나누는 대화를 녹음해 오라고 했다. 퇴근 후 그 친구가 녹음해온 것을 틀었다.

"이게 무슨 말이야?"

녀석이 궁금한지 내게 물었다.

"음, 이건 말이지, 모르는 게 약이야."

결코 알려줄 수 없는 말이었다. 절반이 욕이었으니까. 하지만 욕보다 더 거슬리는 말이 있었다.

"Hey, yellow! Bring that over here!"

직역하면 이런 뜻이다.

"어이, 누렁아! 그거 여기로 가져와!"

그 친구는 'yellow'를 그저 '동양인'을 의미하는 말로 생각했었다. 그러나 'native speaker'를 그저 'native'라고 하듯 'yellow'는 'yellow monkey'를 줄여서 부르는 말이었다. 그 친구만 빼고 그게 동양인을 비하하는 표현임을 누구나 알고 있었다.

이런 노골적인 비하 발언 외에도 현지인들이 쓰는 말 중에는 은근히 외국인을 무시하는 표현이 있다.

"Can you speak English?"

우리가 어렸을 때 수도 없이 듣고 말했던 문장이다. 영어를 잘하건 못하건 이 문장을 모르는 사람은 없을 것 같다. 그러나 이 역시 조금은 무례한 표현이다. 이 말은 이런 뉘앙스를 내포하고 있다. '너 영어 못할 거 같은데, 어때? 할 수 있어?' 물론 선생님이 어린 학생들에게 묻는 말이라면 수긍할 수 있다. 학생이라면 한창 배워야 하니까. 그러나 서로의 인격을 존중하는 대등한 관계에서는 다음과 같이 바꾸어서 물어야 한다.

"Do you speak English?"

나도 가끔 외국인들에게 "Can you speak English?"라는 질문을 들을 때가 있는데 "Yes, I can"이라고 답하지 않고 "Yes, I do"라고 바꾸어 대답한다. '내가 못 할 거라고 생각했어? 아니야, 나 잘해. 미국 남부 사투리도 너보다 잘해.' 그런 느낌으로 말이다.

진짜 영어란 뭘까? 로봇처럼 미소 짓고 메뉴판을 가리키며 "This one, please"라고 말하면 그게 영어일까? 그건 '그냥 밥만 먹고 잠만 잘 수 있다면 나는 충분히 사람다운 삶을 사는 거예요'라고 말하는 것과 다를 바 없다. 진짜 영어를 쓰고 싶다면 단순히 생존을 위한 최소한의 영어를 넘어 그 말에 실린 감정과 맥락을 알아야 한다. 최소한의 내 자존심을 지킬 수 있는 수준에서 대화를 나누어야 한다. 평점 9.5점짜리 영화를 보고 입으로는 "It blew me away!(완전 대박이었어!)"라고 하면서 얼굴은 무덤덤한 표정을 짓고 있다면, 그 말을 들은 외국인은 어떤 표정을 지을까? '이거 앵무새네' 하며 어린애 대하듯 하지 않을까? 혹은 '얘 지금 교과서 읽는 거야?'라거나 '나랑 대화하기 싫은가?', '완전 대박이 아니라 완전 실망이라고 비꼬는 것 같은데'라고 받아들일지 모른다. 우리말에도 아 다르고 어 다른 뉘앙스라는 게 있듯이 영어에는 영어만의 표현 뉘앙스가 있다. 처한 상황과 그에 맞는 뉘앙스를 담아서 말을 할 줄 알아야 무시당하지 않는다. 아니 한 걸음 더 나아가, 사람 대 사람으로 만나서 교류하려면 진짜 영어를 써야 한다.

진짜 영어 한마디

어느 날, 한 학생이 나에게 말했다. "벤쌤, 얼마 전에 외국인 친구를 만났는데, 제니랑 친하다는 말이 떠오르지 않아서 답답했어요." 그렇다. 그렇게 일상적인 표현임에도 우리는 '누구랑 친하다'는 말 정도도 하기 힘들 만큼 정형화된 영어만 해오지 않았던가. 그럴 때면 나는 그냥 답을 말해주지 않는다. 'No pain, no gain(고통 없이 얻는 건 없다)'이니까. 힌트를 준다.

"원어민들은 '누구와 잘 지낸다, 혹은 친하게 지낸다'라고 말할 때 'get along with someone'을 써요. 그럼 '나는 제니와 친해'라고 말하려면 어떻게 해야 할까요?"

"I get along with Jenny?"

"좋아요. 이제 끝을 올리지 말고 확신에 찬 목소리로!"

"I get along with Jenny!"

"That's great! Repeat it five times.(좋아요! 다섯 번 반복해요.)"

이렇게 해야 장기기억으로 저장된다.

발음 '아이/겟/얼롱/위드/제니'처럼 뚝뚝 끊어서 말하면 원어민 귀에는 '나/는/제/니/와/친/해/요'로 들린다. 마치 로봇이 말하는 것처럼 말이다. 자연스럽게 리듬을 넣어서. '아이게럴렁윗 쉐니'라고 발음해보자. 'get along(게럴렁)'과 'Jenny(쉐니)' 부분을 힘줘서 말해야 하는 것 잊지 말자.

상황 외국인 친구가 내 절친 제니에게 관심이 있다고 한다. 그런데 수줍음이 많은 친구라 어떻게 말을 걸어야 할지 모르겠다며 고민에 빠져 있다. Now is the time!(이때다!) 큰 목소리로 '나 제니랑 친해'라는 말을 영어로 발사한다. "I get along with Jenny."

응용 '제니랑 안 친해'는 'I don't get along with Jenny'라고 하면 된다. 그리고 '제니와 톰은 안 친해'는 'Jenny and Tom don't get along'으로도 표현할 수 있다.

진짜 영어를 가르쳐도 가짜 영어로 배우는 사람들

질문 하나 하겠다. 토익 900점을 받은 사람과 500점을 받은 사람 중에 누가 더 빨리 진짜 영어를 익힐 수 있을까? 900점을 맞을 정도로 열성을 보이는 사람이라면 실전 영어도 빨리 배울 것 같다. 그러나 정답은 나쁜 습관을 빨리 버리는 사람이다. 우리가 배워야 하는 건 '말'인데 점수 올리는 데 특화된 한국형 학습법으로 덤빈다면 설령 토익 900점짜리든 2만 점짜리든 못 배우는 건 똑같다.

그런 점에서 나는 축복받은 사람이었다. 나쁜 습관을 쌓을 틈이 없었다. 나는 중고등학교 시절에 공부와 담을 쌓고 살았다. 공부에는 눈곱

만큼도 관심이 없었다. 친형을 비롯하여 가족조차도 내가 사람 구실하며 살 것이라고 기대하지 않았다. 햇볕에 검게 그을린 해적 같은 몰골로 보리피리 불면서 쏘다니다 토마토 따먹고 아무 데나 등대고 자고, 다슬기 잡아서 동네 아주머니들에게 판다며 개울을 들락거리고, 마을 회관 옆에 우뚝 솟은 100년 묵은 정자나무에 올라가서 "은행나무집 백구하고 이장네 진돗개하고 싸우면 누가 이기네" 하고 쓸데없이 말싸움하며 떠들던 아이였다. 마을 어르신들이 "저 걸뱅이 봐라. 길에서 자는 애 아이가?" 하고 놀리며 혀를 차던 말썽꾸러기였다. 학교는 가라고 하니까 다니는 것일 뿐이었고, 학원은 대학 가서 다닌 영어 학원이 처음이었을 만큼 나는 공부와 거리가 멀었다. 알파벳 A와 B가 있다는 건 알아도 알파벳을 순서대로 외울 줄 몰랐으니 말 다 한 거 아닌가. 그런데 그런 백지상태가 도리어 영어 트레이닝에 유리하게 작용했다고 나는 믿는다. 왜냐하면 시키는 대로 할 준비가 되어 있었기 때문이다.

내 영어 강의에 들어온 수강생 중에는 대기업에 다니거나 전문직에 몸담고 있는 사람들도 있다. 그들은 첫 수업 시간부터 눈빛을 반짝반짝 빛내며 위대한 학구열을 불태운다. 한 손에는 펜을 들고 언제든 필기할 준비가 되어 있다. 그게 그들이 공부에 임하는 자세다.

그런데 내 눈에는 한심해 보일 뿐이다. 그건 시험 성적을 올리는 데 필요한 자세이지 진짜 영어를 배우기 위한 자세가 아니기 때문이다.

"누가 필기하래?"

일단 웃음기 전혀 없는 싸늘한 표정으로 기싸움을 시작한다. 그들은 절대 자기 방식의 공부법을 놓지 않으려고 할 것이다. 이때는 억센 말투로 막말을 할 때도 있고 본의 아니게 잔소리를 심하게 할 때도 있다. 오랜 습관처럼 굳어져 있는 그 공부법을 포기시키지 않으면 아무리 리얼 영어를 떠먹여 주어도 결국은 페이크 영어를 만들어버린다.

해외 파견근무를 나가고 싶었던 한 회사원도 첫날에는 그랬다. 그는 마치 꿰다 놓은 보릿자루처럼 가만히 앉아 있었다. 다른 수강생들은 영어 훈련법에 익숙해져서 호흡을 잘 맞추고 있었는데 그 사람만 손에 펜을 들고 있었다. 내 강의는 마치 할리우드 진출을 준비하는 배우가 연기 수업을 듣듯 입은 물론이요, 몸까지 움직여야 하는데도 그는 나 홀로 석고상처럼 고개를 숙인 채 입을 꾹 다물고 있다. 아마 시험을 준비하는 주입식 수업이었다면 그 누구보다 뛰어난 성적을 올렸을지 모른다. 그의 악습을 잘라내야 했다. 내 식으로 얘기하면, 그의 공부 습관을 똑! 부러뜨려야 했다.

"같은 일을 반복하면서 다른 미래를 기대하는 건 미친 짓이죠. 이 말은 누가 했지요?"

질문과 함께 포문을 열면 수강생들이 이구동성으로 답한다.

"아인스타인."

'아인슈타인'의 현실적인 영어 발음이 '아인스타인'이다. 내가 수업 때 수강생들의 귀에 못이 박일 만큼 자주 들려준 내용이다. 이제 마지막 망치질을 한다.

"그렇죠, 아인스타인이죠. 그런데 그런 미친 짓을 하는 사람이 이 강의실에 있네요."

대놓고 그 사람을 쳐다보면서 한 말은 아니었지만, 나의 타깃은 뚜렷

했다. 눈빛이 흔들리고 얼굴이 빨개지는 걸 보면 자기 이야기인 줄 알아차렸던 것 같다. 다음날 어떻게 되었을까? 수업을 포기했을까, 아니면 여전히 예전 습관을 버리지 못해 며칠간 욕 반 잔소리 반을 들으며 점차 수업에 적응했을까? 놀랍게도 그 수강생은 하루 만에 완전히 다른 사람이 되어 돌아왔다. 책상 위에 펜이 사라지고 어색하지만 열정적으로 제스처까지 취해가며 나를 모방했다. 훗날 그가 2년간의 미국 파견근무를 마치고 귀국해서 나를 집으로 초대했던 날에 그 이유를 들을 수 있었다.

"회사 가서 영어 좀 한다는 동료들에게 어떻게 공부했는지 물었어요. 미드 보고 공부했다는 동료도 있었고, 책 한 권을 달달 외웠다는 동료도 있었고, 원어민 영어 강사에게 오랫동안 배웠다는 동료도 있었죠. 마침 저는 벤쌤에게 혼이 났던 차였고, 그래서 학원에서 있었던 일을 들려주었더니 동료들이 하나같이 그러더라고요. '그게 정답이네요. 그냥 시키는 대로 하세요.'"

'시키는 대로 하라.'

이 말이 의미하는 게 무엇인지 모르는 사람은 없겠지만 제대로 수행하는 사람도 드문 게 사실이다. 수영을 못하는 사람들은 물에 빠지면 지푸라기라도 잡을 듯이 허우적거린다. 아무리 몸에 힘을 빼라고 외쳐도 그게 절대 안 된다. 공포에 질린 나머지 본능적으로 반응하다가 물속으로 꼬르륵 잠긴다. 마찬가지로 학창 시절 나를 성공의 계단으로 이끌어주었던 그 공부법을 어떻게 하루 만에 터득해 삶이 바뀔 수 있겠는가? 그런데 그 회사원은 다음날 완전히 자세를 바꾸어서 왔다. 그건 정말 쉽지 않은 결정이요, 주재원이 되어 외국 생활을 체험해보고 싶다는 강렬한 의지의 표현이었다. 나는 수업 시간에 그의 달라진 태도를 칭찬해 주었고, 그는 빠른 속도로 수업의 중심에 섰다.

　나의 영어 트레이닝은 교과서나 교실과 작별하는 데서 시작한다. 그러다 보니 수강생들 입장에서는 이게 무슨 숙제인가 싶은 게 수두룩했다. 예컨대 학원 엘리베이터를 타면 외국인 강사를 만날 텐데, 그러면 무조건 말을 걸라는 식이었다. 한 번은 옆 반에서 강의하는 외국인 강사가 내게 와서 하소연했다.

　"벤, 미치겠어. 엘리베이터만 타면 사람들이 자꾸 말을 걸어. 내 강의 수강생인가 하고 보면 아니야. 처음 보는 사람이야. 나중에 알고 봤더니 다 벤 수업 듣는 사람이더라. 그 사람들 왜 그러니? 내 수업을 듣는 것도 아니고."

　그런 말을 들으면 한편으로 기뻤지만 절대 내색하지 않았다. 단지 "학생들이 의욕적이니 좋은 대화 부탁해"라고 딴청을 피웠다.

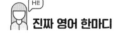

진짜 영어 한마디

'오해하지 마'를 영어로 어떻게 말할까? 핸드폰을 켜고 영어사전을 검색해 '오해'라는 단어를 찾는다. 그런데 아무리 봐도 이건 아닌듯싶은 말들이 등장한다. 원어민들과 생활하다 보면 자주 쓰는 말이니 알아두자.

"Don't get me wrong."

말 그대로 이해해 보면, Don't(하지 마) get(이해하다) me(나를) wrong(틀리게)가 된다. '나를 틀리게 이해하지 마'를 자연스럽게 우리말로 바꾸면 '오해하지 마'가 된다. 'get someone/something wrong'은 '누군가/무언가를 잘못 이해하다'라는 뜻이다.

발음 'don't' 부분에 힘이 많이 들어가야 한다. 약하게 발음해서 원어민이 '나를 오해해 줘'로 받아들이는 일이 없어야 한다. 'wrong'은 우리가 가장 힘들어하는 발음이다. 입술 모양과 혀를 신경 써서 발음해야 한다. 이 발음을 시작할 때 입술을 마치 우리말 '우'를 발음할 때처럼 양 입술을 모아 앞으로 쭉 나온 상태로 시작해야 한다. 마치 오리 입처럼 말이다. 그리고 혀끝은 입안 어디에도 닿아서는 안 된다. 이 두 가지만 신경 쓰면 우리가 가장 어려워하는 R 발음을 쉽게 공략할 수 있다.

상황 예쁘고 인기 많은 여자애를 짝사랑하는 친구에게 "네가 넘볼 수 있는 상대가 아니야"라고 말해주고 싶은데, 친구가 내 말을 '내가 관심 있으니 건들지 마'라고 잘못 이해할까 봐 걱정이다. 항상 "mind your own business(네 일이나 신경 써)"라는 말을 입에 달고 사는 친구라서 말이다. 보다 조심스럽게 말을 꺼내고 싶다. "제이슨, 오해하지 말고 들어. 그 애는 네가 넘볼 수 있는 상대가 아닌 것 같아"라고 말하고 싶다. 그래! 이때 어울리는 문장이 떠올랐다. "Jason, don't get me wrong. I think she's out of your league."

응용 'get someone/something wrong'을 다양하게 응용해볼 수 있다. '내가 그 친구를 완전히 오해했어'는 'I totally got him wrong'라고 말하면 된다. 그리고 추가로 'Don't get me wrong'과 같은 표현으로 'Don't take this the wrong way'도 같이 알아두면 좋다.

한글을 포맷하고 영어로 패치하기

매년 3월이 되면 흩날리는 봄꽃과 함께 대학교 신입생들이 강의실을 찾아온다. 수능을 치르느라 지친 심신을 겨우내 회복하고 새봄처럼 맑은 얼굴로 나타난 아이들이다. 이 학생들과 몇 마디 대화를 나누다 보면 그들도 지금껏 공부해온 영어가 진짜가 아니라는 사실을 잘 알고 있는 듯하다. 비록 희망하던 대학교에 합격했더라도 미드 하나 자막 없이 못 보고, 외국인과 대화 한마디 못한다는 점에서는 합격자나 불합격자가 다르지 않다는 걸 스스로도 잘 알고 있다. 다행히 대입 문제를 해결했으니, 이번 기회에 제대로 된 영어를 배우겠다고 다짐하고 강의실 문을 두드린다. 공부해야 할 명분도 수두룩하다. 해외여행도 가야 하고, 외국인 친구도 사귀고 싶고, 팝송이나 할리우드 영화, CNN 뉴스, 미드와 영드도 원어로 즐기고 싶다. 또 어차피 대학교 졸업과 취직을 위해서는 토익점수도 따야 할 테니 일석삼조다. 무엇보다 영어를 잘하면 뭔가 사람이 근사해 보일 것 같은 은근한 기대감도 한몫을 한다. 그러나 품고 있는 바람에 비하면 절박함은 덜하다. 그래서인지 목표도 높지 않다. 가벼운 마음으로 일단 여행에서 써먹을 정도의 수준만 되면 좋겠다고 생각한다.

"여행 영어 정도 생각하고 왔어요."

그럼 나의 잔소리가 시작된다.

"아니, 고작 여행 영어 배우려고 왔다고? 여행 다니면서 하는 말이란 게 길 묻기, 메뉴 주문하기, 물건 사기 정도인데 그걸 굳이 배운다고? 아니야, 그건 지금 수준에서도 얼마든지 할 수 있어. 책 한 권 사서 보고 외우면 돼. 검색 몇 번 해보고 외우면 돼. 외우지 않아도 손짓 발짓으로도 얼마든지 통한다고. 영어를 배운다는 건 외국인 만나서 '너네는 크리스마스 때 뭐해?', '이 동네 관광지 좀 소개해 줘', '이 동네 역사가 궁금해' 정도의 대화를 나눠야 하지 않아? 고작 길 물어보는 영어 배우려고 했다면 당장 그만둬. 진짜 영어를 배워야지, 왜 이렇게 도전 정신이 없어? You should dream big!(꿈을 크게 꿔!)"

시험 영어에서 벗어나서 '써먹는 영어'를 배우고 싶다는 생각까지는 거의 모두가 하는 것 같다. 그러나 '써먹는 영어'의 대문까지는 잘 두드린 사람들이 막상 대문을 열어주면 기웃거리기만 하고 발을 내디디려 하지 않는다. 왜? 일단 목표가 너무 작거나 절박함이 없기 때문이다. 무엇보다 영어를 잘하기 전까지는 영어를 쓰지 않으려는 이상한 자존심이 작동한다.

'영어를 잘하기 전까지는 절대 입을 열지 않을 테다!'

분명 이런 모순적 심리가 영어 학습자들에게 있다. 그러나 내가 말하는 진짜 영어는 '잘하는 영어'를 의미하는 게 아니다. 가만히 있어도 영어로 생각해 보고, 기회가 닿으면 영어로 표현해 보는 것, 즉 생각하고 표현해야 하는 모든 상황에서 한국어 대신 영어를 쓰는 게 '진짜 영어의 세계에 발을 디딘 것'이다.

예컨대 영어를 트레이닝하다 보면 한국어 표현과 영어 표현이 시간차를 두고 떠오르는 현상이 벌어진다. 친구가 무슨 취미를 갖고 있는지 궁금해서 물어보자고 생각하면 이런 문장이 흐릿한 이미지로 떠오른다.

'너 취미가 뭐니?'

그리고 잠시 뒤 영어 문장이 떠오른다.

'What do you do for fun?'

이 과정이 익숙해지면 영어와 한국어가 동시에 떠오르는 순간을 맞이한다. 이때 내가 어떤 언어를 택해서 말을 하는가가 진짜 영어의 세계로 가느냐, 아니면 가짜 영어의 세계에 머물러 있느냐를 가름하는 순간이 된다. 한국어 표현이 먼저 떠오를 때조차도 억지로, 일부러 영어 표현을 찾고 떠오를 때까지 기다려서 실제로 표현하다 보면 영어가 떠오르는 시간을 단축시킬 수 있다. 이건 하루를 살면서 매 순간 영어 표현을 생각해 보고 이를 '선택'해야 한다는 말인데, 그런 정도의 몰입감을 갖고 있어야 비로소 진짜 영어의 세계에 몸을 담근 것이다.

이것이 내가 '영어 공부'를 '공부'나 '학습'이 아니라 '영어 트레이닝'이라고 부르는 이유다. 공부라면 손으로 적어가면서 외우거나 이해하면 그만이다. 수업이 끝나면 노트를 덮어도 된다. 반면 영어 트레이닝은 덮어야 할 노트가 따로 있는 것도 아니고, 시험을 준비할 필요도 없다. 대신 일상이 곧 연습실이자 시험무대가 된다. 영어로 생각하는 습관, 영어 표현이 무엇인지 생각해 보는 습관을 갖고 하루를 살아간다면, 설령 당신이 지금 할 수 있는 말이 'Excuse me?'나 'I'm fine. Thank you, and you?' 수준이어도 상관없다. 당신은 출발선 위에 섰다.

우리는 한국인으로 태어나서 뼛속까지 한국어로 사고하고 한국어로 표현하는 데 익숙하다. 또한 한국을 중심으로 세계를 바라본다. 그러나 출발선에 선 사람은 영어로 생각하고, 영어로 표현하고, 세계 속에서 세계를 바라보려고 매 순간 애를 쓴다. 이 습관이 장착될 때까지 의식적인 노력을 기울이고, 특히 의식적인 '선택'을 하려고 에너지를 쏟는다.

170만 명의 구독자를 보유하고 있는 유튜브 채널 'The world of Dave'에는 데이브라는 이름의 '대한미국인'이 등장한다. 그가 호주 출신 개그맨 샘 해밍턴과 케이크를 먹으며 방송을 찍은 적이 있다.

데이브 : 케이크 위에 호두 있거든요.

해밍턴 : 호두.

데이브 : (머리를 긁적이며) 호두, 영어로 뭐였더라?

해밍턴 : (골똘히 생각하며) 호두….

그들은 스마트폰을 켜더니 영어사전에서 '호두'를 검색한다. 드디어 찾는다. 월넛!

어쩌면 웃기려고 만든 걸 수도 있다. 그러나 내게는 이게 절대 웃기려고 만든 영상이 아닌 것처럼 보였다. 내 눈에 데이브와 샘 해밍턴은 둘 다 한국어로 패치된 사람들이다. 그들은 이제 영어와 한국어 가운데 한국어를 더 빠르게 떠올린다. 나도 일상에서 위의 상황처럼 영어 표현만 떠오르고 한국어가 안 떠오를 때가 많다. 그럴 땐 그냥 '재수 없게' 영어로 말해버리는 경우도 비일비재하다.

이 '재수 없음'이 선택의 기로에 대한 답이 될 수 있을 것 같다. 사람들은 가짜 영어에 대해 신물을 느낄 뿐 진짜 영어의 세계에 발을 내디디려고 하지 않는다. 영어 트레이닝은 일상에서 이루어져야 함에도 강의실이나 카페, 도서관을 나서면 다시 한국어의 세계로 돌아간다. 영알못을 벗어나고 싶다면 평소의 사고 자체가 잉글리시 퍼스트English first여야 한다. 그게 진짜 영어를 선택했다는 말의 의미이며, 그렇게 선택한 사람이라면 나는 그의 영어 레벨과 상관없이 진짜 영어를 받아들이기로 한 사람이라고 생각한다. 그들은 더 이상 수능 때처럼 영어를 공부하지 않는다. 그럼에도 불구하고 영어를 잘하게 된다.

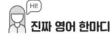

진짜 영어 한마디

"귀신 꿈꿨어. 나 무서워"라고 할 때 '나 무서워'를 어떻게 말할까?

a. I'm scary.

b. I'm scared.

정답은 b다. a는 '나는 무서운 사람이야'라는 뜻이다.

상황 배꼽 빠지도록 웃긴 개그 프로를 봤다. 이때 적합한 표현은 뭘까?

a. It was funny.

b. It was fun.

둘 다 쓸 수 있으나 의미가 다르다. a라고 쓰면 '웃겨 죽는 줄 알았다'라는 뜻이 된다. 반면 b는 '즐겼다' 정도의 의미가 된다. 그래서 'fun'은 개그 프로그램은 물론 '재미있었던 모든 것'에 쓸 수 있는 표현이 된다. 코믹하지 않지만 흥미진진한 드라마가 있을 수 있다. 이때는 'funny'가 아니라 'fun'이 된다.

나의 영어 패치 과정 ① 영어 패배자

어학연수를 가면 그토록 바라 마지않던 영어 문제가 해결될까? 가보면 알겠지만, 옆자리에는 베트남이나 태국, 일본에서 온 사람이 앉아 있을 것이다. 한국 사람이 없는 게 그나마 다행일지도 모른다. 혹시라도 한국인이 끼어 있다면 십중팔구 한국어만 줄곧 쓰다가 돌아올 테니까. 수업 끝나면 현지인과 어울릴 수 있다고? 그렇기는 하다. 그러나 한국에 있는 동안에도 외국인이라면 말 한마디 붙이기 힘들던 사람들이 외국에 간다 한들 없던 사교성이 생길까? 아마 통계를 내보면 알겠지만 100명 가운데 한두 명을 제외하고는 모두 돈만 날리고 온다고 보면 된다.

그렇다면 그 성공하는 한두 명은 어떤 사람들일까? 외향적이라서 외국인들과 잘 어울리는 사람들? 아니면 어마어마한 학구열로 수업 시간에 배운 걸 200% 습득하는 사람들? 아니다. 이제 내가 어떻게 네이티브 수준으로 영어를 할 수 있게 되었는지 이야기할 때가 된 것 같다. 달리 말해서 나의 영어 패치 과정을 말이다.

내가 영어에 관심을 갖게 된 것은 나의 친형 때문이었다. 친형은 미국에서 어학연수를 했었다. 하루는 집으로 전화가 왔다. 수화기 너머로 형의 목소리가 들렸는데 뭔가 근사해 보였다.

'형은 지금 미국에서 외국인들과 함께 어울리고 있겠지? 멋진 커피숍에서 간지나게 몸을 흔드는 현지인들과 영어로 대화도 나누며 '왓썹맨!' 하고 주먹 인사도 나누는 거 아냐?'

나중에 알고 보니 형은 낮에는 공부하랴 밤에는 일하랴 고된 하루를 이어갔다며 낭만과는 전혀 거리가 먼 생활이었다고 토로했다. 그러나 23살에 외국인을 처음 만나본 나에게 친형은 닮고 싶은 롤 모델이었다. '나도 외국 가고 싶어!' 그 생각 끝에 나는 난생처음으로 영어를 공부해야겠다고 마음먹었다.

딸기 농사를 짓는 아버지를 졸라서 없는 돈을 마련한 나는 서울 유명

한 학원으로 유학길에 나섰다. 독해, 문법 등 영어 4과목을 동시에 듣는 수업이었는데 기초가 아예 없었던 나는 강사의 조언을 듣고 하나의 과목에 올인하는 작전으로 바꾸었다. 강의를 녹음해도 된다는 허락도 받았다. 원래는 당연히 안 된다. 그러나 내가 생각해도 나 자신이 너무 불쌍했다.

"선생님, 제가 너무 기초가 부족해서 강의만 들어서는 따라갈 수가 없습니다. 필기는 하지만 돌아서면 이게 무슨 소리인지 잘 모르겠습니다. 부디 제가 고시원 돌아가서도 공부할 수 있도록 선생님 강의를 녹음할 수 있게 해주세요."

집으로부터 더 이상 지원을 받기가 힘들다는 걸 잘 알았기에 나는 금방이라도 울 것 같은 표정으로 강사에게 애걸복걸했다. 다행히 그는 내 얼굴에서 굳은 의지를 읽은 모양이었다.

"좋아, 대신 유출되지 않도록 주의해."

강사는 어떨 때는 내 녹음기를 마이크 삼아서 강의하기도 했다. 혹시라도 녹음 품질이 떨어질까 걱정이 되었던 모양이다. 수업을 마치면 동네 가게에 들러 박카스 5병을 사서 고시원에 돌아왔다. 책이나 노트로 공부하던 습관이 없던 나는 녹음된 강의를 3~4회씩 돌려 들었다. 피곤이 몰려오면 박카스 뚜껑을 땄다.

노력은 금방 성과로 찾아왔다. 나와 함께 강의를 듣던 미국 유학파 형이 있었다. 토플 성적표를 제출해야 하는 일이 있어서 강의를 듣는다고 했다. 그런데 함께 시험을 보면 내가 점수가 더 높았다. 그 형은 이건 말도 안 된다며 황당해했는데, 왜냐하면 점수는 내가 높았지만 놀랍게도 나는 말 한마디 하지 못했기 때문이다. 그랬다. 내가 배운 건 완전한 점수 찍기 노하우였다. 독해는 할 필요도 없었다. 문법을 100% 이해할 필요도 없었다. 그저 시간 안에 답 빨리 찾는 법을 배웠기 때문에 내가 푼 문제의 의미도 알 필요가 없었다. 얼마나 강의를 열심히 되풀이해서 들었는지 시험 문제를 풀다 보면 선생님 목소리가 들리는 특이한 경험들도 수없이 겪었다.

강의가 끝나갈 무렵 나는 토플 300점 만점(CBT, 현재는 IBT)에 250점을 받았다. 토익으로 환산하면 900점이 넘는 점수였다. 강사는 나를 향해 씩 웃어주었고, 나는 어깨에 뽕을 넣은 것처럼 거들먹거리며 고향 밀양으로 돌아왔다.

그러나 거짓말처럼 교환학생 프로그램에서 탈락해 버렸다. 미칠 듯한 자괴감이 몰려왔다. 지금 보면 너무 당연한 탈락이지만, 그때는 내 인생 처음으로 토플 250점이라는 놀라운 성적표를 받아들고 마치 칭기즈칸처럼 세계를 얻었다고 믿고 있었기 때문이다. 교수님을 비롯한 과 동기, 후배들 역시 900점 맞은 내가 떨어지리라고는 상상조차 못 했던 것 같다. 그러나 세 명의 지원자 가운데 점수가 가장 높았던 내가 탈락하자 모두들 당황과 분노의 표정을 지었다.

그 후로 여러 날을 허탈감 속에서 헤맸다. 그러다 문득 '네가 배운 건 진짜 영어가 아니야'라고 말해주었던 동네 형이 떠올랐다. 나에게는 공부 잘하는 누나가 있는데 중학교 시절 늘 전교 1등을 놓치지 않았다. 그런 누나가 영어만큼은 그 형에게 이겨 본 적이 없었다. 우리 누나를 누르고 영어 1등을 차지하던 사람이 바로 그 형이었다. 하루는 그 형이 토플 시험을 준비한다며 내게 전화를 걸었다. 마침 서울 유학을 마치고 고향에 내려온 나는 '토플 250점'의 왕관을 동네방네 자랑하고 다녔고, 소식은 순식간에 마을에 퍼졌다.

"너, 토플 잘 봤다며? 나도 토플 시험을 보려고 하는데 좀 도와줄 수 있니?"

나는 의기양양하게 족보를 들고 형의 학교를 찾아 구내식당으로 갔다. 그러나 족보를 받아든 형의 첫마디는 예상밖이었다.

"이게 영어냐?"

"그럼 뭐가 영어인데요?"

"이건 암기력을 테스트하는 거지, 진짜 영어가 아니잖아?"

감히 토플 250점인 나에게 이게 무슨 소리인가? 그러자 형이 자리에서 일어섰다.

"잘 봐."

그 한마디를 남기고 형은 구내식당에 있던 외국인에게 다가서서 대화를 나누기 시작했다. 둘이 나누는 대화는 한마디도 알아들을 수 없었지만 제스처를 봐서는 메뉴에 대한 설명 같았다. 얼굴에 미소 가득 머금고 마치 '나 영어 잘해' 하는 얼굴로 여유롭게 대화를 하던 그 형의 모습이 지금도 잊히지 않는다. 나중에 들으니 그 외국인은 이 학교 교환교수로 와 있던 사람이었고, 이후로 형과 친분을 이어갔다고 한다.

끝내 나의 족보를 물리치고 돌아간 그 형은 며칠째 연락이 없었다. 시험 날짜가 지났건만 소식이 없었다. 궁금해서 형에게 전화를 걸었다.

"어, 시험? 몇 개 안 틀렸어."

나도 토플만 여섯 번을 봐서 올린 점수였다. 한 번에 20만 원 가까이 드는 시험을 6번이나 보면서 거둔 성적이 250점이었는데 형은 단번에, 그것도 두세 문제 틀리고 다 맞았다고 했다. '운이 좋았겠지. 아니면 뻥치는 걸 테고.' 나는 도저히 그 형의 실력을 인정할 수 없었다.

그러다 나의 자존심이 휴지처럼 구겨지는 사건이 발생했다. 두 명의 교환학생을 선발하는 면접시험에서 내가 보기 좋게 떨어진 것이었다. 다들 나보다 시험 점수는 낮았지만, 점수로 뽑는 면접이 아니었다.

여러 날을 방황했다. 제대 후 인간이 됐다고 믿고 나름 열심히 살았다. 아버지의 굳은 얼굴도 떠올랐다. 난생처음 자랑스러운 아들이 되었다고 생각했는데 그게 다 무너졌다. 얼마 뒤면 미국 간다고 으스댔던 나를 친구들은 '니가 그러면 그렇지'라는 말로 가슴에 못을 박았다. 창피하다며 꽥 소리를 지르던 학과 교수님의 얼굴도 생각났다. 후배들의 수군거리는 모습도 잊히지 않았다. 술병을 끼고 살았다.

그때 내 앞에 두 갈래의 갈림길이 놓였다. 하나는 다시 예전처럼 그냥 공부에 무관심하고 놀기 좋아하는 예전의 나로 살아가는 길이었고, 다른 하나는 이 구겨진 자존심을 펴고 다시 앞으로 가는 길이었다. 두 번째 길을 택했다. 형을 찾았다.

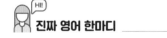

진짜 영어 한마디

한 경연 프로그램을 보던 중 '저 사람은 무조건 떨어지겠구나'라고 여겨지던 참가자가 사실은 엄청난 실력자였다. 첫 소절을 듣자마자 온몸에 소름이 돋았다. 이때 우리는 '닭

살 돋았어'라고 한다. 이 표현을 영어로 어떻게 말할까?

"I just got goose bumps."

구스범스? 그렇다. 우리는 치킨(닭)이라 하지만 원어민들은 거위(goose)인가 보다. 참고로 'bump'는 '튀어나온 것'을 뜻한다.

응용 이마에 튀어나온 혹도 bump를 써서 "너 이마에 혹 났네"를 말하고 싶으면 "You've got a bump on your forehead"라고도 말할 수 있다. 그럼 도로의 과속방지턱도 툭 튀어나와 있으니 'bump'가 들어가지 않을까? 그렇다. 과속방지턱을 영어로 하면 'speed bump'이다.

나의 영어 패치 과정 ② 영어가 안 들리는 이유

그 형은 대화 도중에 영어를 섞어 쓰는 이상한 버릇이 있었다. 재수 없어 보일 때도 있었지만 한편으로는 그게 멋있어 보였다. 다시 만난 형에게 나는 자초지종을 들려주었다.

"그럴 줄 알았어. 나는 니가 영어 좀 한다고 생각해서 영어로 말했는데 동공이 흔들리더라. 굉장히 쉬운 표현이었는데 말이야. 도리어 그런 높은 점수를 어떻게 받았는지 그게 신기할 지경이었지."

각오는 하고 왔지만 내 얼굴은 새파랗게 질려 있었다. 형이 쐐기를 박았다.

"이제 너도 인정해야 해. 그건 영어가 아니야. 쓰레기야."

영원 같은 1분이 침묵 속에 흘렀다.

다시 정신을 차렸을 때 형은 자신이 어떻게 공부를 해왔는지 하나둘씩 들려주었다. 형의 이야기를 듣다 보니 그 형은 어렸을 때부터 영어를 좋아하는 사람이었다.

"아니, 그렇게 영어를 잘하는데 아직도 CNN 보면서 공부를 해요?"

"일정이 정해져 있는 시험이라면 영어 공부를 끝내는 날도 분명 있겠지. 그런데 나는 시험 때문에 영어를 공부하는 게 아니야."

"그럼요?"

"영어가 좋아. 재밌어. 마치 등산 좋아하는 사람들이 틈만 나면 배낭 싸는 것처럼 말이야."

그 말은 내게 이상하게 들렸다. 나는 영어를 잘하고 싶었지만 공부하는 과정이 전혀 즐겁지 않았다.

"이건 등산이 아니잖아요? 외국인과 그 정도 대화 나눌 만큼 실력이 되면 더 안 해도 되는 거 아닌가요?"

"영어는 말이야, 끝내는 게 아니야. 만약 끝내는 거라고 믿고 중간에서 그쳤다면 지금 네가 앉은 그 자리에 내가 앉아 있었을 거야."

형은 영어를 대하는 나의 자세를 꾸짖었다.

"영어를 끝내야 한다는 그 생각이 문제야."

그 말을 듣는 순간, 나는 내가 그 말을 다른 누군가에게 들려주고 있는 모습을 상상했다. 자기계발서를 보면 이를 비전 상상이라는 개념으로 얘기하는데, 즉 바라는 것을 실제로 일어난 일인 것처럼 생생하게 떠올려보라는 얘기다. 그만큼 그 형의 말은 쓰라렸지만 다른 한편으로 참 멋있었고, 나를 자극하기에 충분했다. 분명 그 말을 써먹는 순간을 맞이하리라.

다음날부터 형의 방법대로 공부를 시작했다. 형의 방법은 '받아쓰기'

였다.

"받아쓰기를 해보면 뭐가 부족한지 스스로 알게 돼. 상대의 얼굴을 보면서 이야기를 들으면 다 알 것 같지. 그런데 제스처나 표정을 제외하고 순수하게 음성만 들으면 실은 내가 정확히 이해하지 못하고 있다는 걸 알게 되지. 받아쓰기의 핵심은 소리로만 공부하는 거야."

앤더슨 쿠퍼Anderson Cooper라는 CNN 뉴스 간판 앵커가 있었다. 뉴스를 전하는 그의 발음이 너무 듣기 좋고, 또렷해서 교재로 삼았다. 형 말처럼 방송을 볼 때는 알 것 같은 말도 소리만 들으면 무슨 말인지 알 수 없었다. 들리지 않는 부분을 반복 재생했다. 구간반복을 통해 한 문장씩 끊어서 들었다. 그렇게 하루에 4시간씩 받아쓰기를 했다.

그러나 하루 4시간이라는 시간을 쏟아붓고도 귀는 열리지 않았다. 무엇이 문제일까? 형을 찾았다.

"형, 일주일 동안 들었는데 그래도 안 들려요. 너무 빠르게 말해서 그런 것 같아요. 방법이 없을까요?"

"시장에 가본 적 있지? 왜 시장에 가면 속사포처럼 떠들면서 장사하는 사람들 있잖아?"

"네, 있죠."

"그 사람들 말은 안 들려?"

"잘 들리죠."

"그렇게 빨리 말하는데도 다 들리지?"

"들리죠."

"속도가 문제가 아니라는 말이야."

"그럼 뭐가 문제죠?"

"이 바보야. 니가 그 표현을 모르니까 안 들리는 거야. 고진감래라는 단어를 모르면 아무리 고진감래라고 말해봐야 못 듣는 거라고. 사람들이 제일 못 듣는 것 중의 하나가 낯선 이름이야. 처음 들어본 이름을 정확히 알아듣기란 정말 어려워. 왜? 모르니까. 그래서 철자 물어보고 발음 다시 물어보고 익힌다고. 마찬가지로 너는 그 표현을 들어본 적도 없고 무슨 뜻인지도 모르는데 그게 어떻게 들리겠어."

지금 생각하면 너무 당연한 말이다. 안 들리는 이유는 그 밖에도 한 가지가 더 있는데 그건 외국인들이 그 표현을 어떻게 발음하는지 모르기 때문이다. 표현과 발음. 이 두 가지가 영어에 다가서는 가장 중요한 고비였다.

그러나 얼마 뒤 나는 한 가지 고민에 휩싸였다. 내가 교환학생 면접에서 떨어졌던 가장 큰 이유는 무엇이었을까? 당시 면접관으로 나섰던 외국인이 내게 물었던 질문은 대부분 알아들었다. 별로 어려운 질문이 아니었기 때문이다.

"What do you do in your free time?"

'여가 시간에 뭐 하니?', '취미가 뭐니?' 하고 묻는 질문이었다. 그때 나는 이렇게 대답했다.

"I like fishing.(낚시 좋아합니다.)"

실제로는 전혀 좋아하지 않는다. 그냥 당황해서 나온 대답이었다. 그런데 더는 이어서 말할 수가 없었다. 알아듣는 것도 개선이 필요했지만 말하기는 더더욱 큰 문제였다.

그때 기억에 생각이 미치자 귀만 뚫어서는 안 되겠다는 생각이 들었다. 뭔가 표현해야 했다. 언제가 될지 모르지만 나도 미국에 갈 건데 외국인과 '대화'를 해야지 '경청'만 하고 있어서야 하겠는가?

진짜 영어 한마디

"The best way to achieve a goal is to devote one hundred percent of your time and energy to it.
(목표를 성취하는 최고의 방법은 너의 모든 시간과 에너지를 그 목표에 바치는 것이야.(《빅뱅이론(The Big Bang Theory)》에서 쉘든의 대사))"

발음 'achieve'는 '어치브'가 아니라 '어취브'에 가깝다. 'devote'는 '디보트'가 아니라 '디보우트'에 가깝다.

감정 목소리를 한껏 낮게 깔고 비장미를 살려서 읽어본다.

응용 'The best way to (achieve a goal) is~'는 자주 쓰이는 표현이다. 예컨대 '살 빼는 최고의 방법은~'이라고 말할 때 'The best way to (lose weight) is~'라고 바꿔 말할 수 있다. 아래처럼 말이다.

The best way to lose weight is to eat less and work out more.

'eat less and work out more'는 광고 문구 등에서 '덜 먹고 많이 움직여'라는 뜻으로 많이 쓰는 표현이다. 'and'를 빼고 'eat less, work out more'로 흔히 쓴다.

나의 영어 패치 과정 ③ 고든 램지 되기

그 형이 알려준 방법 외에 나는 한 가지를 더 추가했다. 예전처럼 받아쓰기를 한 뒤 안 들리는 부분을 찾아서 공부하는 데 그치는 게 아니라 전체 토픽topic을 완전히 외우는 것이었다. 1분짜리 토픽의 경우 보통 15~17개 문장으로 이루어졌다. 1분짜리 토픽을 3일에 걸쳐서 외웠다. 어떤 강의에서는 귀만 뜨이면 말이 툭 튀어나온다고 말하는 경우가 있는데 내 경험에 비춰보면 그건 아니다. 우선 머릿속으로 표현을 떠올릴 수 있어야 하고, 그런 뒤 자기 입으로 표현할 수 있어야 한다. 그리고 여기에 약간의 양념, 그러나 매우 중요한 양념 한 가지를 추가했다. 마치 내가 이 말을 다른 외국인에게 들려주는 것 같은 기분으로 흉내 내는 것, 일명 성대모사였다.

나는 CNN 뉴스 앵커 앤더슨 쿠퍼와 똑같은 표정, 똑같은 자세를 취한 뒤 그가 한 말을 그대로 모사해 보려고 애를 썼다.

처음에 모사를 시작할 때는 그 사람처럼 나도 그렇게 따라 말해보자는 의미에서 시작했다. 그런데 이 모사 과정은 정말 중요한 의미를 지니고 있었다.

내가 받아쓰기를 한 것은 CNN 뉴스나 NBC 뉴스뿐 아니라 고든 램지Gordon Ramsay가 출연하는 요리 프로그램도 있었는데, 만일 그가 주방에서 칼을 쥐고 말을 하면 나도 똑같이 칼을 쥐고 말했다. 그렇게 외운 것을 모사하다 보니 마치 그 사람으로 빙의 된 것 같은 착각에 빠졌다. 내가 TV에서 보던 그 멋진 사람이 된 것처럼 느껴졌고, 그 사람의 감정도 알 것 같았다. 그의 안타까운 심정을 나도 느꼈고, 그리고 똑같이 표현하려고 노력했다. 보는 사람도 없으니 얼마나 좋은가? 표정도 똑같이 지어보고, 턱이 아프게 입을 벌리고, 가슴으로부터 소리를 끌어올려서 울림소리도 만들어보았다. 나는 그 순간 욕쟁이 고든 램지였고, 지적 매력을 뿜어내는 앤더슨 쿠퍼였다. 그리고 그들이 처한 상황이나 지금 이야기되고 있는 맥락을 함께 호흡했다. 이 가상의 상황을 상상하며 그들을 흉내 내는 작업은 영어를 머리가 아닌 온몸으로 익히도록 도와주었다. 칠판 강의나 노트 필기, 암기나 이해만으로는 얻을 수 없는 영어 체화가 진행되었다. 연기를 완벽히 마치고 나면 고든 램지 대신 내가 그 무대에 서서 요리를 하며 프로그램을 진행해도 되겠다는 뿌듯함에 사로잡혔다.

1분짜리 토픽을 외우는 시간은 점차 단축되었다. 처음 4시간에 걸쳐 받아쓰기를 하던 나는 한 달 뒤 하루 2시간이면 충분하다는 사실을 알게 되었다. 단어만 바뀌고 구조는 그대로인 영어 문장들이 있었기 때문이다. 그리고 두 달 뒤에는 2시간이 1시간으로 줄었다. 그와 동시에 외우는 토픽도 1분짜리에서 2분짜리로 늘었다. 대신 남는 시간은 모사하기에 투자했다.

그 무렵 나는 진짜 외국인과 대화를 해보고 싶다는 열망에 사로잡혀서 영어 회화 클래스를 신청했다. 원어민 1명과 한국인 4명으로 이루어진 수업이었는데 자꾸 이야기를 나누다 보니 쓸 수 있는 말이 점점 많아졌다. 이 수업은 또 하나의 습관을 내게 장착시켜주었는데, 그간 익힌 표현들을 나에게 맞게 고쳐서 말할 수 있어야 한다는 사실이었다.

예컨대 'I like Mexican food'를 배웠는데 실은 멕시코 음식을 좋아하지 않을 수 있다. 그러면 이렇게 바꿀 수 있어야 한다.

"I don't like Mexican food."

혹은 '나는 중국음식 좋아해'라고 말하고 싶다면 간단히 뒤의 단어만 바꾸면 된다.

"I like Chinese food."

사람에게는 응용력이 있다. 'I'm interested in K-pop'을 배웠으면 'I'm interested in BTS'로 바꿀 수 있다.

나의 영어 트레이닝이 틀리지 않았다는 사실을 나는 그때 외국인 강사를 통해서 알게 되었다. 그는 5명 가운데 대나무처럼 자라고 있는 나를 칭찬했고, 나는 신이 나서 더욱 열중했다.

이렇게 석 달째 영어 트레이닝을 하고 있는데, 어느 날 지하철을 타고 가다가 신기한 경험을 했다. 휴대폰을 만지작거리며 앉아 있는데 옆 사람들의 대화가 내 머릿속에서 자동으로 영어로 번역되고 있던 것이다.

"신발 예쁘네. 어디서 샀어?"

→ "Your shoes are nice. Where did you get those?"

"인터넷에서 샀어. 얼마처럼 보여?"

→ "I bought them on the internet. How much do they look?"

여긴 한국이고, 외국인도 없었다. 내 손에 교재도 없었고 녹음테이프도 없었다. 그때 나는 영어와 무관한 환경에서도 얼마든지 영어를 공부할 수 있다는 사실을 깨닫고, 이를 적극 활용해야겠다고 생각했다. 그후로 지하철이나 버스를 탔을 때, 옆에 앉은 커플의 대화가 들리면 "너

어제 왜 전화 안 받았어?"를 어떻게 영어로 바꿀 수 있는지 테스트했다. 물론 연기하듯 영어를 배우던 내게 이 과정은 단순히 말만 옮기는 번역이 아니었다. 때로는 그 여자가 되어서 질투하듯, 따지듯 영어 문장을 속으로 되뇌었고 혹은 그 남자가 되어 변명하듯, 서운한 듯 '친구들이랑 술자리 있다고 말했잖아?' 하고 속으로 말하는 연습을 했다.

나의 이런 영어 트레이닝 과정은 훗날 말백타와 사이어트(SIET)라는 두 가지 트레이닝으로 정리되었고, 이 두 가지 훈련법이 종로 YBM에서 나를 1타강사로 만들어주었다.

말백타는 '말이 되는 백 개의 타픽topic'의 줄임말이다. 100개의 토픽을 듣고 표현을 익히고 통째로 외우는 게 핵심이다. 사이어트는 Sound(소리), Image(상상), Emotion(감정), Training(훈련)의 첫 글자를 따서 지은 말로, 정확한 발음으로 상황을 상상하며 감정을 입혀서 말하기 연습을 하는 것을 말한다. 한마디로 말백타는 인풋 과정이고, 사이어트는 아웃풋 과정이다. 인풋과 아웃풋을 번갈아 가며 훈련하는 게 내가 영어를 익힌 과정이다. 훈련 기간은 기본적으로는 5개월인데 그보다 더 빨리 100일이나 60일 만에 기초 훈련을 마스터한 수강생들도 있다.

그러나 이보다 중요한 게 있다. 이 훈련의 목표다. 실력을 늘리는 것도 물론 중요하지만 그건 훈련 과정에서 얻어지는 부수적인 효과이지 핵심 목표는 영어 패치다. 설령 실력이 늘어도 영어 패치가 제대로 이루어지지 않은 사람은 학원을 그만두는 순간 다시 예전의 한국어 환경으로 돌아간다. 반면 실력은 여행 영어 수준에 그칠지 몰라도 영어 패치가 된 사람은 어느 곳에 있든지 혼자 학습할 수 있는 준비가 된다.

앞서 '스토마치에이치'라는 말로 인연을 맺게 된 그 요리사 친구에게 영어를 가르치면서, 나는 다시 한 번 이 훈련법이 옳다는 것을 알게 되었다. 나는 그 친구에게 현지인 요리사들이 하는 말이 어떤 감정 상태, 어떤 상황에서 하는 말인지 설명해 주면서 단지 듣고 외우는 단계에서 벗어나 대화의 맥락 안으로 친구가 들어갈 수 있도록 도왔다. 요리사들은 한가할 때 서로 음식을 해 먹으며 시간을 보내기도 했는데 이를 대비해서 동래파전을 만들면서 그 과정을 영어로 설명할 수 있도록 시연도 시켰다. 그 요리사 친구는 파전을 만들며 내가 가르쳐준 대로 '밀가루에 물을 이만큼 넣어, 반죽의 물기는 이 정도면 돼, 기름은 듬뿍 넣어주고, 팬이 충분히 달궈지면 중불에서 서서히 익히는 거야' 하는 식으로 되풀이해서 시연했다. 실전을 방불케 하는 연습이 필요했기에 우리는 그날 다 먹지도 못할 만큼 많은 파전을 부쳤던 기억이 난다. 그렇게 5일간 연습을 한 뒤 요리사 친구는 밀가루와 파를 들고 암흑 같던 일터로 당당하게 들어갔다.

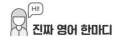
진짜 영어 한마디

학교를 마치고 집에 가는 길에 친구를 만났다.
"오늘 뭐해? 피시방 갈까?"
마침 다른 친구와 약속이 있다. 어떻게 말할까?
a. I have an appointment.
b. I have a promise.
애석하게도 둘 다 아니다. 정답은 이렇다.

"I have plans."

'계획들이 있다'라는 뜻이 아니냐고? 아니다. '나 약속 있어'를 뜻한다. 써먹어 보라. 너무나 쉽다. 물론 'appointment'를 쓰지 말라는 건 아니다. 그러나 이 단어는, 의사와의 진료나 상담, 미용실 등을 예약한 경우에 쓴다.

발음 되게 쉬워 보이는 표현이다. 발음도 어려울 것 같지 않다. 그러나 조금 더 원어민스럽게 말하려면 'have'의 V와 'plans'의 L 소리를 주의하자. 말로 설명하는 데는 한계가 있으니 꼭 찾아서 들어보자.

응용 원어민 친구가 "What are you going to do after work?(오늘 일 마치고 뭐 해?)"라고 묻는데 이미 선약이 있다. 그럴 때는 문장 끝에 '일 마치고'에 해당하는 표현을 넣는다. "I have plans after work." '학교 끝나고'는 'after school'이다.

영어로부터 완전히 자유로워지는 세 가지 방법

교양 프로그램 〈알쓸신잡〉에 출연하며 입담을 과시한 소설가 김영하는 특이한 제목의 단편 소설을 썼다. 『엘리베이터에 낀 그 남자는 어떻게 되었을까?』. 읽어 보진 않았지만, 이 제목이 유달리 기억에 남는 이유는 영어가 딱 그렇기 때문이다. 연말만 되면 서점에는 영어 학습법을 찾는 사람들이 부쩍 는다는 제보가 있다. 나도 한때 그런 사람 중 한 명이었다. 왜 우리는 연말연시만 되면 '올해는 꼭 영어를 제대로 공부해 보자'고 다짐하는 것일까? 영어 엘리베이터에 낀 채 몸을 빼내지도 못하고, 그렇다고 엘리베이터 안으로 들어가지도 못하는 이 웃픈 상황을 우리는 어떻게 해결해야 할까? 아마도 지금 해결하지 못하면 마흔 넘어서도, 쉰 넘어서도 우리는 엘리베이터 문 사이에서 들어가지도 나가지도 못한 채 '나는 패배자야'라는 충격을 감내하고 살아야 할지 모른다.

우리에게 지금 필요한 것은 영어 엘리베이터를 타고 지하로 내려가든 원하는 층으로 올라가든, 아니면 문 사이에서 탈출하는 것이다.

여기에는 세 가지 길이 있다. 첫 번째는 영어 대신 차라리 일본어라든가 중국어를 배우는 것이다. 어쩌면 당신은 영어가 몸에 맞지 않는 사람일 수 있다. 어린 시절 거의 학대에 가깝게 영어를 못하면 대학을 못 간다는 말을 들으며 자란 나머지 원치 않던 영어 콤플렉스를 안고 살아가고 있으나 영어라면 두드러기가 나는 사람도 분명 있을 것이다. 그렇다면 차라리 다른 외국어를 익혀보는 것도 좋겠다.

두 번째 길은 재미를 찾는 방법이다. 영어 패치 과정이 그렇게 즐겁지 않다는 걸 나도 잘 안다. 그래서 훈련의 교재가 되는 토픽을 찾을 때 나는 내가 즐길 수 있는 주제를 대상으로 삼았다. 미드나 영드로 공부하라는 것도 같은 맥락이다. 나는 고든 램지나 제이미 올리버Jamie Oliver 같은 스타 셰프들의 요리 프로그램을 선호했다. 안타깝게도 13화까지 방영되었으나 시청률 폭망으로 서둘러 방종한 미드 〈키친 컨피덴셜Kitchen Confidential〉도 나의 교보재 가운데 하나였다. 뉴욕 요리사들의 재미있는 스토리를 다룬 소설 원작의 작품이었는데, 들리는 문장도 많아서 즐겁게 공부했던 기억이 난다. 애완견을 기르고 있다면 애완견이 나오는 프로그램을 교재로 삼자. 공연히 관심도 없는 정치 뉴스나 다큐로 공부하겠다고 팔을 걷어붙였다간 작심삼일이 되기 일쑤다.

세 번째 길은 꿈을 품는 것이다. 꿈이라고 하니까 거창하게 들릴 수 있지만 꿈은 상세하고 구체적일수록 좋다고 생각한다. 나의 꿈은 '이 영어 표현을 쓸 수 있는 상황과 분명 마주하게 될 테니 지금 실전처럼 익히자'였다. 영화 〈월터의 상상은 현실이 된다(The Secret Life of Walter Mitty)〉처럼 공상에 그치는 게 아니라 분명 현실이 되어 마주하게 될 것을 생각하며 영어 트레이닝을 했다. 수많은 자기계발서나 심지어 영어 책에서도 목표를 구체적으로 잡으라고 하는 건 바로 이를 두고 하는 말이다. 영국 펍에 가서 현지인들과 축구를 같이 보면서 수다 떠는 게 목표가 될 수도 있다. 그런 목표가 손에 닿을 듯이 분명하게 느껴진다면, 어떤 영어 표현을 만나든 이걸 자신의 꿈과 연결시켜 익히게 된다. 실제로 앞으로 부딪칠 상황을 미리 가져와서 그에 맞게 써먹는 훈련을 하다 보면 나중에 자연스럽게 그 표현을 쓰게 된다.

때로는 꿈과 재미가 어우러질 때도 있다. 한 번은 내 강의를 듣던 어느 어머님이 10살짜리 딸을 데리고 왔다.

"영어를 즐기고 있는 선생님 모습을 보여주고 싶어서 데려왔어요. 같이 들어도 될까요?"

나는 흔쾌히 청강을 허락했다. 다만 평소와 달리 자극용 막말을 자제하면서, 대신 왜 영어를 공부해야 하는지에 대해 40분간 들려주었다. 우선은 내가 얼마나 영어를 못했던 사람인지를 10분 정도 들려주었다. 그러고는 영어를 잘하게 되니까 사람들이 다들 나를 똑똑한 사람으로 봐주더라는 얘기로 이어졌다. 진짜로 나는 별로 똑똑한 사람이 아닌데 그렇게 봐주니까 신이 났었다.

"그 시선을 느끼기 시작하면서부터 재미가 생기는 거야. 외국인과 대화를 나누고 있는 나 자신도 참 신기하고 말이야. 외국인이 물어보면

'응? 그거 이런 거야' 하고 아무렇지도 않은 척 대답해 주는데 왜 이렇게 나 자신이 뿌듯한지. 영어를 배우면 말이야, 살아가는 무대가 달라져. 너의 무대는 여기 대한민국뿐 아니라 전 세계 어디든 될 수 있어. 괜히 영어를 만국 통용어라고 하는 게 아니겠지? 영어를 알면 그냥 외국어 하나 아는 데서 그치는 게 아니야. 세계를 보는 시야가 달라져. 동대문에 산다고 했지? 처음 동대문 밖으로 나갔을 때 기억나? 외국도 가봤지? 처음 외국에 갔을 때 어땠어? 네가 활동할 수 있는 무대가 달라지는 거야. 만나는 사람도 달라져. 미국 사람, 영국 사람, 호주 사람은 기본이고, 영어를 할 줄 아는 인도 사람, 중국 사람, 일본 사람, 캐나다 사람, 프랑스 사람, 네덜란드 사람 다 만난다고. 네가 할 수 있는 일도 많아지고, 볼 수 있는 것도 훨씬 많아져. 그들과 영어로 대화하고 있는 너 자신을 생각해봐. 근사하지 않아? 기쁘지 않아? 만일 사람에게 날개가 있다면 그게 바로 영어라는 걸 알면 좋겠어. 그래서 말이야, 영어는 절대로 놓으면 안 돼. 처음부터 너무 잘하겠다는 생각을 하지 말고, 오늘 한마디 들으면 내일 두 마디 들겠다, 그런 식으로 조금씩 다가가면 좋겠어. 너의 무한한 가능성과 미래를 축복한다.”

　꿈을 말할 때면 내 머릿속에서 잊히지 않는 수강생이 있다. 나의 수강생 가운데 가장 연세가 많으신 75세 할아버지다. 그분은 한의사였다. 현역에서는 은퇴하셨는데 한 가지 인생의 미션이 생기셨다. 아들 내외가 미국 애틀랜타에서 한의원을 하는데 미국인들의 한의학에 대한 편견이 마음에 걸리셨던 것 같다. 그래서 본인이 직접 영어를 배워서 미국 사람들에게 한의학의 우수성을 소개해 주고 싶은 마음에 강의를 신청했다고 한다.

처음 수업에 들어오셨을 때는 발음이 너무 안 좋으셨다. 'when'을 '휀'으로 발음하던 시절에 공부하셨던 분이니 그럴 법도 했다. 그렇다고 리스닝이 되신 것도 아니었고, 영어 표현에 능숙하셨던 것도 아니었다. 할아버지는 간단한 나의 질문에 고개를 갸웃거리셨다. "What do you do for a living?"이라는 질문에 한참을 무슨 말인지 이해하려고 노력하시기에 "직업이 무엇인지 묻는 말입니다"라고 했다. 그랬더니 또 한참을 곰곰이 생각하시다가 '발룬티어volunteer'라고 단어로 답변을 하셨다. 그분은 탑골 공원에서 자원봉사 활동을 하고 계셨다.

한 3개월쯤 수업을 들으셨을 때였다. 수업 시간에 영어 프레젠테이션을 과제로 내주었는데 마침 할아버지 차례였다. 프레젠테이션의 주제는 'My dream'이었다. 자세한 내용은 기억나지 않지만, 이 문장만큼은 뇌리에 새겨져 있다.

"The best is yet to come."

수업 중에 소개했던 적이 있는 문장이었다. 1960~70년대의 음악을 기억하는 사람들이라면 프랭크 시나트라Frank Sinatra 와 그의 히트송 〈마이 웨이My Way〉를 잘 알 것이다. 그러나 삶을 사랑했던 프랭크가 사랑한 노래는 따로 있었던 것 같다. 그 노래 제목이 바로 〈The Best is Yet to Come〉으로, 이 문장은 그의 묘비명이기도 하다.

"최고의 순간은 아직 오지 않았다."

나이 어린 사람이 하는 말이라면 '응, 그럼'이라고 기특하게 듣겠지만 이미 인생의 절정기를 지나 황혼의 시간을 보내고 있는 분이 이 말을 할 때의 감동이란!

할아버지의 음성은 떨리고 있었다.

수강을 한 지 6개월째 되던 날 할아버지가 나를 찾아오셨다.

"선생님, 이번 달이 마지막이 될 것 같은데 오럴 테스트oral test를 해줄 수 있나요?"

이미 나 홀로 여행을 다닐 만큼 영어가 된다는 건 알고 있었다. 나는 고개를 끄덕이고 질문을 드렸다.

"What is your goal?"

할아버지는 비록 느릿한 말투였지만 이렇게 대답하셨다.

"My dream is to introduce Korean medicine to people all over the world.(제 꿈은 한의학을 전 세계 사람들에게 소개하는 것입니다.)"

수업 중에 나는 종종 꿈에 대해 이야기를 한다. 우리가 다른 건 몰라도 자신의 꿈에 대해서 영어로 표현할 수는 있어야 하지 않겠는가. 특히 그 꿈은 'become(되는 것)'이 아니라 'do(하는 것)'가 되면 좋을 것 같다.

영어 잘하는 것을 목표로 삼지 말자. 잘하고 싶다는 마음은 조바심을 내게 만들고, 다시 예전 습관으로 우리를 끌고 간다. 그저 영어를 쓰자는 마음이면 충분하다. 그리고 당신만의 목표가 있으면 더 좋겠다. 당신의 영어 인생에 시나트라의 명언을 바친다.

"The best is yet to come."

2장

영어, 어디까지
미쳐봤니?

영어 어항에 빠져보자

상상해보자. 조금 전까지 당신은 대한민국에 있었다. 그러나 영화 〈터미네이터Terminator〉의 한 장면처럼 시간과 공간을 무시하고 뿅 하고 미국 뉴욕 한복판에 떨어졌다. 다행히 터미네이터와 달리 옷은 걸치고 있다. 지갑도 두둑하다. 근사한 선글라스도 끼고 있다. 그런데 뭔가 놓고 온 느낌이다. 뭐가 없는 걸까? 가만히 생각해 보니 이런, 영어가 없다!

엠파이어스테이트 빌딩과 메인 스트리트를 가득 메운 세련된 디자인의 광고판, 화려한 빛의 대형 스크린 그리고 노란색 신호등과 노란색 택시까지 이 멋진 뉴욕에 왔는데 영어가 없다니!

마침 기다렸다는 듯이 지도를 든 어느 할머니가 당신의 코앞으로 불쑥 머리를 내민다. 은발의 파마머리를 하고 빨간색 티에 갈색 백팩을 메고 있는 자유로운 영혼의 미국 할머니다. 할머니가 뭐라고 말씀을 하시는데 한마디도 알아들을 수 없다. 영어를 못한다고 표현하고 싶은데 적합한 말이 떠오르지 않는다. 애꿎게 손바닥만 비비면서 난감해한다. 마치 어항 속의 금붕어가 된 기분이다. 입은 뻐끔거리고 있지만 아무런 말이 나오질 않는다.

세상 모든 걸 다 갖고 있으나 영어 딱 하나 없는 당신에게 이곳은 마치 물속처럼 느껴진다. 산소호흡기도 없는 상태에서 깊은 바다에 풍덩 빠진 것 같다. 등줄기로 땀이 흐른다.

영어를 한다는 건 외국인을 만나야 한다는 말과 같다. 그 상황에서 길 잃은 할머니를 도와 안내를 하거나 당황하지 않고 "저 역시 초행이라 길을 잘 모릅니다"라고 말하려면 어떻게 해야 할까?

그 첫걸음을 내딛기 위해 추천하는 게 있다. 영어 어항 속으로 풍덩 빠지기.

영어가 완벽해지기 전에는 외국인과 말을 섞지 않아도 된다고 안심하며 영어 트레이닝을 차일피일 미루지 말고, 우리 자신을 자발적으로 영어 어항에 풍덩 빠뜨려보자. 여기는 한국이고, 당신은 집이나 지하철 혹은 카페에서 이 책을 읽고 있을지 모른다. 이 책은 한글로 적혀 있고, 당신을 둘러싼 사람들은 한국어로 대화를 나눈다. 당신은 어떤 활동을 하더라도 아무런 불편을 느끼지 않는다. 설령 돈이 없어서 비싼 음식점에는 갈 수 없더라도 생각만큼은 '나중에 돈 좀 벌면 먹으러 와야지'라고 한국어로 자연스럽게 생각한다. 그렇게 아주 친숙한 한국어의 세계에서 별다른 불편함 없이 살아간다.

이 익숙한 세계를 벗어나서 불편하기 짝이 없는 영어 어항으로 들어간다. 마치 사람이 되고 싶었던 인어공주가 문어 마녀와 계약을 맺은 것처럼 당신도 영잘알이 될 수만 있다면 내 한국어를 잃어도 좋다는 마음으로 기꺼이 영어의 세계로 들어간다(그러나 나중에 알게 되겠지만 한국어를 잃는 일은 절대 없으며, 도리어 영어를 잘하면 한국어 표현 능력이 더 좋아진다).

당신이 문어 마녀와 체결한 계약 내용은 이렇다.

첫째, 한국어를 절대 쓰지 말 것.

둘째, 한국어로 생각하지 말 것.

셋째, 생각과 표현을 모두 영어로 할 것.

어떤 사람들은 영어만 써보겠다면서 영어 말하기 상황에 스스로를 가두기도 하는데, 그 방법은 비추다. 아무도 알지 못하는 그의 뇌 속은 여전히 한국어가 지배한다. 영어 어항에 빠진다는 말은 생각조차 영어로 하는 습관을 들인다는 뜻이다.

이렇게 당신의 뇌와 혀를 준비시킨다. 당장은 힘들고 어렵겠지만 생각마저도 영어로 해보겠다고 다짐한다.

진짜 영어 한마디

자동차 뒷좌석에 앉으면 꼭 멀미하는 외국인 친구가 있었다. 그 친구가 입에 붙이고 살던 말이 있다.

"I call shotgun!"

'call'은 '부르다', 'shotgun'은 '산탄총, 엽총'을 뜻한다. 산탄총을 부르다니? 무슨 뜻일까? 미드나 할리우드 영화에서도 종종 등장하는 이 표현은 '조수석은 내 자리'라는 뜻이다.

옛날 마차를 타고 다니던 시절, 마부를 보호하려는 목적으로
옆자리에 산탄총을 든 사람이 탔다고 한다. 이런 역사적 배
경에서 유래된 표현이다.

발음 'shotgun'은 '샷건'보다는 '슈왓건'으로 발음하면
훨씬 더 유창하게 들린다. 'sh' 발음은 '시'가 아닌 '쉬'로 발
음한다.

상황 한 차에 여러 명이 탈 때 쓰는 표현이다. 비좁고 시
야가 막힌 뒷자리를 탈 건가? 기필코 앞자리를 쟁취해야 한
다. 미드의 한 장면을 떠올려 본다. 그 뉘앙스를 살려 모두가 들
을 수 있게 크게 소리친다. "I call shotgun!" 성공이다. 앞자리는 나의 것! 하지만 초보
운전인 친구를 위해 인간 네비게이션이 되어야 하는 건 함정이다.

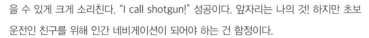

내 방의 영어화

'embody'라는 단어가 있다. 구체화시킨다는 말인데 어원을 풀이해
보면 '생각에 몸을 입히다'라는 뜻이다. 예를 들어 당신이 목표 달성을
위해 주먹을 불끈 쥐고 있다. 반드시 '해내겠어!' 하고 의지를 다졌지만
살짝 걱정이 든다. 혹시나 나약한 과거로 돌아갈지 모른다고 염려한 나
머지 당신이 존경하는 인물, 예컨대 스티브 잡스나 오프라 윈프리의 사
진을 책상 위에 붙여두었다면, 이때 사진은 당신의 의지를 구체화시킨
물건이 된다. 혹은 의지를 다지기 위해 하얀 끈을 머리에 동여매는 것
도 당신의 의지를 구체화시키는 것이다. 사랑하는 여자 친구에게 선물

하기 위해 붉은색 장미 한 다발을 산다면 이 꽃다발 또한 '사랑'이라는 심리적 현상을 눈에 보이고 손으로 만질 수 있는 현실로 구체화한 것이다. 이를 'embody'라고 한다.

영어에 대한 당신의 도전 의지도 'embody'를 하면 좋다. 예컨대 휴대폰 언어를 영어로 바꾸는 것도 한 가지 방법이 된다. 나도 쓰던 방법인데 실력 향상에 얼마나 도움이 되었는지는 잘 모르겠지만, 최소한 휴대폰을 꺼내 들 때마다 '영어를 쓰자'는 생각을 하도록 만들어주었다.

이보다 더욱 효과적인 'embody'가 있다. 이 방법은 단순히 의지를 표명하는 데 그치는 게 아니라 '영어로 말하고 생각하기'를 실천하는 것까지 포함한다. 머릿속에 이미지로 존재하는 가상의 외국인을 구체적 형상으로 집에 데려다 놓는 방법이다.

내가 머물던 작은 원룸에는 앤 해서웨이Anne Hathaway가 살고 있었다. 그녀는 아름다운 자태를 뽐내며 벽에 큼지막하게 붙어 있었다. 컴퓨터 옆에는 브래드 피트Brad Pitt가 야생미를 뽐내며 앉아 있었다. 고개를 들어 다른 쪽 벽을 보면 〈빅뱅이론〉의 주인공 쉘든Sheldon과 〈프렌즈Friends〉의 조이Joey가 나를 바라보았다. 물론 다 사진이다. 이 배우들 사이에는 공통점이 있었다. 우선 내가 좋아하는 배우들이었으며, 내가 공부의 재료로 삼고 있는 영화와 미드의 주인공들이었다.

나는 한 편의 영화나 미드를 보고 그중 한 토막을 학습 자료로 삼아서 ① 받아쓰기(발음 알아듣기, 표현 알기), ② 외우기, ③ 연기하듯 모사하기를 했다. 이때 ①번과 ②번까지는 얼마든지 혼자서 할 수 있다. 그러나 ③번은 좀 더 몰입감을 갖고 실제 배우처럼 하고 싶었다. 그래서 〈악마는 프라다를 입는다The Devil Wears Prada)를 보고 난 뒤에 앤 해서웨이의 포스터를 구해서 벽에 걸었다. 그리고 메릴 스트립Meryl Streep이 되어 앤 해서웨이를 마주 보며 편집장의 대사를 쳤다. 〈빅뱅이론〉을 보고 난 뒤에는 쉘든을 우리 집으로 초대했다.

아침에 눈을 뜨면 다시 〈빅뱅이론〉의 주인공들과 자연스럽게 마주섰다. 그러면 어제까지 열심히 외웠던 미드의 한 장면을 연기했다.

레너드 : And when we go in there, let's show Raj that we're happy for him.(안에 들어가면 우리도 기뻐하고 있다는 걸 라지에게 보여주자.)

쉘든 : But I'm not.(난 안 그런데.)

하워드 : Well, then fake it.(그럼 그런 척이라도 해.)

(중략)

쉘든 : Fine, what do you want me to do?(좋아, 그럼 내가 어떻게 하길 바라?)

레너드 : Smile.(웃어.)

(쉘든이 배트맨의 악당 조커처럼 억지웃음을 짓는다.)

하워드 : Oh crap, that's terrifying.(젠장, 무서워.)

레너드 : We're here to see Koothrappali(라지의 성), not kill Batman.(라지 만나러 왔지 배트맨 죽이러 온 게 아니야.)

하워드 : Try less teeth.(치아가 덜 보이게 해봐.)

(쉘든이 입을 벌리지 않고 입꼬리만 올리면서 웃는 표정을 짓는다.)

레너드 : Close enough, come on.(그 정도면 됐어. 가자.)

(문을 두드리고 들어간다.)

레너드 : Hi, Raj.(안녕, 라지.)

하루에 몇 번 연습해야 하는지 정하지는 않았다. 하루 종일 집에 있는 날은 너무 연습에 몰입한 나머지 사진 속 배우가 내 질문에 실제로 답을 하는 것 같은 착각에 빠질 때도 있었다.

처음에는 모사하기에 집중했다가 익숙해지면 그때부터는 배운 표현에서 한두 단어만 바꾸는 방식, 즉 활용하기로 가상의 대화를 나누었다. 이 순서가 중요한데, ① 배운 표현을 그대로 따라 하고(모사하기) 그게 익숙해지면 ② 배운 표현을 활용하는 단계(활용하기)로 접어든다.

배우 포스터는 단지 미드나 영화 대사를 연습하는 데만 활용하진 않았다. 예컨대 나중에 미세먼지에 대한 토픽을 공부했다면 이를 요약해서 영어로 말하는 연습도 했다. 그냥 혼잣말하듯 한 게 아니라 내 방의 배우들을 마주하고 그들에게 발표하듯이 연습했다. 참고로 2분짜리 뉴스 요약해서 말하기는 영어 트레이닝의 후반부를 장식해야 할 중요한 학습 방법으로, 이를 통해서 자기표현력을 높일 수 있다. 예를 들면 2분짜리 뉴스라면 영어로 약 30문장에 달한다. 이를 5문장으로 압축해서 말하면 그게 뉴스 요약해서 말하기 연습이 된다. 기초적인 표현 능력이 있는 상태에서 시도할 때 학습 효과가 극대화되므로 어느 정도 실력을 쌓은 뒤에 도전한다.

연예인 포스터를 붙여놓으면 옆에서 내 말을 들어준다는 느낌, 누군가와 대화를 나누는 것 같은 느낌을 받을 수 있다. 나중에 이태원 펍이나 미국 현지에 가서 외국인들과 대화를 나눌 때 별로 울렁증을 느끼지 않아서 깜짝 놀랐던 적이 있다. 생각해 보니 큰 코에 파란 눈, 붉은색 피부 등의 이국적 얼굴들은 오랫동안 마주했던 그 얼굴들이 아닌가? 그러므로 포스터를 붙인다면 만화 캐릭터나 동양인 얼굴보다는 우리가 대화를 나누어야 할 사람들, 즉 서양인이 보이는 포스터가 좋을 것 같다.

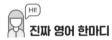

진짜 영어 한마디

애니메이션 무비 〈몬스터 호텔 3(Hotel Transylvania 3)〉을 보다 보면 이런 표현이 자막에 뜬다.

"정말 잘했어!"

이거 나도 아는 영어인데? 혹시 "You did a great job!"이라고 했을까? 5초 전으로 돌려본다. 아니다.

"You nailed it, honey. Best summer vacation ever!(우리 딸 정말 잘했어. 최고의 여름휴가야!('honey'는 상황에 따라 다르지만 여기서는 '우리 딸'이다.))"

'nail'의 뜻은 '못', '못을 박다', '성공하다', '해내다'라는 다양한 의미가 있다. 이 영화에서는 '정말 잘했어!', '네가 해냈어!' 정도로 생각하면 퍼펙트하다.

발음 흔히 과거 형태로 많이 쓰인다. '유/네일드/잇'이 아니라 '유네일딧'으로 발음한다.

상황 친구가 한 학기 동안 열심히 준비한 프레젠테이션을 성공적으로 해냈다. 얼마나 애를 썼는지 잘 알기에 뭐라도 칭찬을 해주고 싶다. 그때 쓴다. "You nailed it." 그 친구가 집에 돌아갔다. 가족이 물어본다. "How did the presentation go?(발표 어땠어?)" 친구가 대답한다. "I nailed it!(정말 잘했어요!)"

몰입이 깊어지면 꿈에서도 영어 한다

나의 주변을 영어 환경으로 바꾼다는 말은 물리적 환경을 바꾸라는 뜻만은 아니다. 오히려 환경 바꾸기보다 더 중요한 게 일상에서 얼마나 영어를 의식하며 살아갈 것인가 하는 점이다. 즉 환경 바꾸기란 영어의 일상화를 돕는 수단일 뿐 그 자체가 목적은 아니다.

목적 : 영어로 생각하고 말하기
수단 : 영어 환경으로 바꾸기

이 두 가지를 구분해서 생각하지 않으면 겉모습만 흉내 내다 내실을 놓칠 수 있다.

만일 수단과 목적이 잘 어우러져 제대로 영어 트레이닝이 이루어지고 있다면 약 일주일 뒤에 환상을 경험할 것이다. 꿈속에서 여러 할리우드 배우들을 만나게 될 것이다. 하루는 꿈을 꾸는데 앤 해서웨이가 바에서 술을 마시고 있었다. 나는 꿈속에서 그녀에게 다가갔다. 그리고 신기한 일이 벌어졌다.

"Can I buy you a drink?(제가 한잔 살까요?)"

내가 이 말을 어떻게 알고 있었을까? 신기하게도 영어가 막힘없이 터져 나왔다. 그 순간 나는 희열을 느꼈다.

반대로 말이 나오지 않아서 답답한 순간도 있었다. 브레드 피트에게 "여긴 어떻게 왔어요?"라고 말하고 싶었는데 입만 들썩일 뿐 아무런 말도 할 수 없었던 그 순간을 나는 결코 잊을 수 없었다.

숫자 딱 하나 틀려서 당첨을 놓친 복권이 이런 기분일까? 내가 모르는 표현도 아니었다. 며칠 전에 배웠던 표현이었다. 그런데 왜 말이 안 나온 걸까? 아무리 생각해도 답은 하나밖에 없었다. 연습 부족!

어떤 연습 부족일까? 문제지 앞에서 기억을 더듬어 떠올릴 수 있을 만큼 달달 외우지 못한 연습 부족일까? 아니다. 그런 상황, 그런 감정, 그런 맥락에 놓이게 될 때 자연스레 튀어나올 만큼 연습 시 감정이나 상황 몰입이 제대로 이루어지지 않았다는 뜻이다. '내가 한잔 살게'라는 표현을 몰입감 없이 문장만 익힌 셈이다. 찬물을 뒤집어쓰면 '앗, 차가워!' 하고 우리는 무의식중에 내뱉게 된다. 한국 사람이라면 그 누구도 '앗, 차가워!'를 생각해서 표현하지 않는다. 우리가 배우는 영어도 마찬가지다. 상황에 닥치면 자연스럽게 내 입에서 나올 수 있도록 맥락과 감정까지 익혀야 한다.

하고 싶은 말도 제대로 하지 못한 채 잠에서 깬 나는 해당 표현을 찾아서 다시 트레이닝을 했다. 꿈속의 실패 경험을 되풀이하지 않기 위해 반드시 그 표현을 써먹을 수 있는 상황을 만들어야 했다. 얼마 뒤 평소에 알고 지내던 외국인 친구 토니와 홍대에 있는 외국인들이 즐겨 찾는 펍에서 만났다. 기회가 찾아왔다. 나는 맥주의 종류를 잘 모르는 사람처럼 연기하기 시작했다. "What's good here?(여기 뭐 잘해?)"라고 하며 도움을 청했다. 친절한 토니는 맥주를 종류별로 추천해줬다. 이때다!

"Thanks for the tip. Let me buy you a drink.(알려줘서 고마워. 내가 한잔 살게.)"

나는 너무 고마웠다. 맥주 고르는 것을 도와줘서? 아니. 나에게 저 표현을 써먹을 기회를 줘서!

이렇게 실전을 치르고 나면 나는 그 문장을 잊을 수 있을까? 이렇게 연습한 문장은 썸 타던 이성과 '이 술 마시면 우리 사귀는 거다' 하고 말하는 순간처럼 내 장기기억 저장소에 자동 입력된다. 그래서 나중에 비슷한 상황에 처하게 되면 자연스럽게 떠오른다. 심지어 한국어로 먼저 '한 잔 살게'가 떠오르고 영어로 번역할 단어를 찾는 식이 아니다. 상황에 부딪히자마자 영어가 탁 솟구친다. 생각이 떠오르기도 전에 입이 먼저 말한다고 해야 할까?

나아가 하나의 표현은 다양한 방식으로 변환된다. 응용과 관련해서는 다시 다루겠지만, 사람에게는 놀라운 응용력이 있다. 이 문장은 후에 'Let me buy you dinner.(내가 저녁 살게.)'로 바뀌었고, 'Let me buy you a cup of coffee.(내가 커피 한 잔 살게.)'로 바뀌었는데 따로 이런 문장을 연습한 게 아닌데도 상황이 닥치니 그냥 툭 튀어나왔다(모든 상황을 대비하여 이를 연습할 수는 없지 않은가?). 물론 때에 따라 '밥'이나 '커피'에 해당하는 단어가 떠오르지 않을 때가 있기는 하다. 그런데 떠오르지 않으면 어떻게 한다고? 구글이나 사전을 찾아본 뒤 몰입감을 갖고 연습하거나 혹은 일부러 그런 표현을 쓸 수 있는 기회를 만든다. 실전에 버금가는 연습은 결코 나를 배신하지 않는다.

한 번은 서른에 가까운 나이가 들어서까지 악몽을 꾼다며 호소하는 사람을 만난 적이 있었다.

"대입 시험 전날, 수학 공식을 다 까먹는 꿈을 자꾸 되풀이해서 꾸었어요. 아무리 꿈이라지만 미치는 줄 알았죠."

아마도 그는 지금쯤은 수학 공식을 다 까먹었을 것이다. 왜냐면 그 사람의 수학 공부는 딱 대입 시험 당일까지만 유효한 공부였기 때문이다.

그러나 내가 배운 영어는 유효기간이 없다. 나는 언제든 다시 외국인을 만나서 술을 한 잔 사야 하는 상황에 놓일 수 있음을 알고 있다. 그러니 까먹을 걱정이 없다. 머리가 아니라 몸에 기억을 심어두었기 때문이다. 그 때문일까? 나는 특이한 경험도 종종 했다. 낮에는 잘 나오지 않던 말이 꿈속에서는 술술 나온 적이 수두룩했으니. 아마도 내 머리는 잘 받아들이지 못했지만 내 몸이 알아서 받아들인 게 아닐까 싶다.

하루는 강의 시간에 시험 준비하듯 영어를 배우려는 수강생들이 답답해서 내가 그들에게 이런 말을 한 적이 있었다.

"영어 스위치는 24시간 온(ON)이 되어야 해. 너는 자더라도 뇌는 켜져 있어야 한다고. 공부가 끝났다고 진절머리 치면서 교과서 덮듯이 잊어버리지 마. 자려고 누웠는데 오늘 배운 영어가 생각나면 그냥 한 번 더 생각해 보면 돼. 정확히 기억이 안 난다고 자책할 필요도 없고, 다시 일어나서 찾아볼 필요도 없어. 그냥 기억나는 데까지만 생각해 보면 돼. 그러면 네가 잠이 든 사이, 뇌가 그 꿈을 꾸게 해줄 거야. 그러면 꿈속에서 영어로 말하면 된다고."

만일 누군가가 영어로 꿈을 꾸기 시작했다면, 그건 몰입이 제대로 되고 있다는 신호로 읽어도 된다.

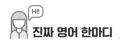

오랜만에 만난 친구, 볼살이 쪽 빠져 있다. 다이어트를 한다더니 정말 열심히 했나 보다. 몸매도 근사하다. 칭찬해 주고 싶다. 뭐라고 할까 고민하다 소리친다. "Wow! you're so skinny!" 그런데 그 친구 표정이 썩 좋지 않다. 뭐가 잘못된 거지?

'You're so skinny'는 '너 완전 (볼품없이) 말랐구나'를 의미할 수도 있다. 그럼 어떤 표현으로 열심히 운동한 친구를 보람 있게 만들어 줄 수 있을까? "You're in good shape(몸매가 좋네)"라고 하면 된다.

여기서 'shape'는 단순히 '모양'을 뜻하는 것이 아니고, 탄탄하고 단련이 잘 된 몸매, 즉 이상적인 몸매를 뜻한다. 'You're in great shape'도 잘 쓰이니 같이 알아두자. 참고로 "몸매가 엉망이야"라고 말하고 싶다면 "I'm out of shape"라고 하면 된다.

응용 간단히 "너 몸매 좋네. 운동 얼마나 한 거야?"를 영어로 하면 "You're in good shape. How long have you worked out?"이다. 반대로 'out of shape'를 응용해보자. "나 몸매가 엉망이라서 헬스장 다닐까 생각 중이야"를 어떻게 말할까? "I'm out of shape, so I'm thinking about joining gym."

따라 말하기가 아니라 따라 행동하기다

'리슨 앤 리핏listen and repeat'의 정확한 의미는 '듣고 따라 하세요'다. 그런데 우리는 고질적인 교육 환경 때문에 이 말을 조금 다르게 이해하고 있다. 과거로 돌아가서 우리의 교실을 추억해 보면 대개 교사나 강사가 테이프를 틀어준다. 영어 음성이 흘러나온다. 그러면 우리는 그 말을 따라서 말한다. 이게 우리가 알고 있는 리슨 앤 리핏이다. 그런데 여기에 빠진 게 있다. 몸짓이다. 그리고 표정 그리고 감정이다. 외국인이 어떤 표정으로, 어떤 몸짓으로, 어떤 감정으로 이 말을 하는지 우리는 전혀 모른다. 그게 습관이 되다 보니 우리는 영어 공부란 몸짓 없이, 표정없이, 감정 없이 그저 말만 따라서 하면 된다고 여긴다. 그런데 우리가 앞으로 해야 하는 게 무엇이라고 생각하는가? 영어로 말하기? 아니다. 영어로 표현하기다. 말이 중요한 표현 수단인 건 사실이지만 유일한 표현 수단은 아니다. 말 말고도 몸짓, 표정, 감정과 맥락도 의사소통에서 중요한 역할을 한다. 만일 당신이 영어가 아닌 그저 대화나 소통과 관련된 자료를 찾다 보면 '메라비언Mehrabian의 법칙'이라는 개념을 보게 될 것이다. 1971년 앨버트 메라비언Albert Mehrabian은 『침묵의 메시지Silent Messages』라는 책을 통해 흥미로운 이론을 발표했다. 인상이나 호감을 결정하는 요소는 말의 내용이 7%, 목소리가 38%, 보디랭귀지나 표정과 같은 시각적 인상이 55%라는 내용이다. 설령 우리가 메라비언의 법칙을 모르더라도 우리는 일상적으로 이 법칙을 경험한다. 다음의 대화를 보자.

"나 승진했다."

"잘났다."

우리는 어렵지 않게 '잘났다'라고 말하는 사람의 표정과 말투를 짐작할 수 있다. 말은 '잘났다'지만 의미는 '재수 없는 놈'이거나 '자랑질 좀 그만해'임을 누구나 간파할 수 있다.

이처럼 소통 과정에서 몸짓과 표정, 목소리 등이 차지하는 비중이 크다는 사실을 알면서도 우리는 영어를 '말'로만 배웠다. 그래서 말 자체는 별로 틀린 게 없지만 소통이 되지 않아서 힘들었던 경험을 여행지에서 자주 한다. 그러나 진짜 영어란 그저 어깨만 으쓱하고 표정만으로도 의사를 표현할 수 있는 것을 말한다. 이를 위해 우리가 해야 할 게 있다. 외국인이 보여주는 몸짓과 표정, 억양, 목소리 크기나 톤까지 나에게 주어진 모든 정보를 그대로 따라 하는 것이다. 그게 쉽게 될까 걱정스러운가? 내가 수업 시간에 가르쳐본 바로는 사람에게는 누구나 배우의 피가 끓고 있다.

자주 사용하는 토픽 가운데 미드 〈빅뱅이론〉의 한 대목이 있다. 주인공 커플인 레너드와 페니가 말싸움을 벌인다. 레너드는 자기 사정을 설명하고 싶은데 페니는 들을 생각이 없다. 원래 연인 사이의 말싸움이란 게 어느 한 쪽의 일방적인 쏟아냄일 때가 있지 않은가? 이 장면을 본다고 생각해 보자. 아니, 그저 시청자가 아니라 그 드라마의 중심에 있는 인물, 즉 레너드가 되었다고 생각해 보자. 페니는 당신의 변명이나 곤란스러운 마음에는 별로 관심이 없다. 그저 융단 폭격기처럼 마음속에 담아두었던 말을 당신의 얼굴에 쏟아낸다. 물론 당신도 할 말이 많다. 오해를 풀고 마음을 돌리고 싶은 생각도 있다. 그런데도 페니는 도무지 들으려고 하지 않는다. 그녀는 지금 '나는 너의 뻔한 변명에 질렸어'라는 마음으로 한 치의 양보도 없이 당신을 몰아붙인다. 난국 타개의 가능성이 보이지 않는다. 당신은 억울한 심정이다. 나도 하고 싶은 말이 있는데 왜 들으려고 하지 않지? 그래서 이렇게 말한다.

"I want you to listen to me.(내 말을 들어주면 좋겠어.)"

이 말을 할 때 당신은 어떤 표정을 짓겠는가? 웃는 표정? 비굴한 표정? 난처한 표정 그대로? 아니다. 억울함이 한가득한 표정이다. 웃음기

따위 없다. 심지어 비장해 보이기도 한다. '나 지금 삐치기 일보 직전이 거든' 하고 툭 건드리면 울 것 같은 표정이다. 그런 마음으로 '내 말을 들어주면 좋겠어'라고 말한다.

사실 표현 자체는 외우기 어렵지 않다. 발음도 별로 어렵지 않다. 두 번 쓰인 '투ᵗᵒ'가 '루'에 가깝게 발음되고, '원추'와 '리슨'이 강조된다는 것만 알아도 쉽게 들리는 표현이다. 우리가 모르는 단어도 전혀 없다. 그러나 말만 외우게 되면 우리는 이 말을 언제 어떻게 써야 할지 모른다. 머리에 저장은 되었는데 용도 불명의 물건으로 전락한다. 이 물건을 언제 써야 하는지 정확히 알려면 저장소를 지정해 주어야 한다. '억울함-나도 말하고 싶어-그건 사실이 아니야…' 등등 이런 것들과 관계 맺은 연합적 기억을 형성해야 하는데, 그냥 아무런 감정과 맥락의 꼬리표 없이 뒷방에 방치된다. 그래서 나중에 찾아보려고 해도 엄두가 나지 않는다.

반면 레너드의 입장이 되어 억울한 심정으로 영어 말하기 트레이닝을 한 사람들은 이제 이 표현을 좌표에 맞게 저장하게 된다. 유사한 상황에 내가 놓이게 되면 이 문장이 떠오른다. 가령 엄마에게 잔소리를 듣는 상황이다. 엄마가 자기 할 말만 하고 나의 말은 들어주려고 하지 않는다. 너무 억울하다. 그때 뭐라고 하면 될까?

"I want you to listen to me."

그리고 당신이 할 말을 하면 된다.

우리의 따라 하기, 모사하기는 말만 따라 하기가 아니다. 몸짓부터 표정, 말투, 억양 등 우리가 손에 넣을 수 있는 모든 모습을 따라 하는 것이다. 인간 복사기가 되면 정말 좋겠다.

1장에서 이야기했던 사람이 있다. 주재원으로 나가고 싶어서 수강했던 분이다. 그가 주재원으로 가고 싶었던 이유 중에는 아이의 교육 문제가 있었다. 그는 4살짜리 아이에게 외국 생활을 경험하게 해주고 싶었고, 또 외국에서의 여유로운 생활을 영유해보고 싶은 열망이 대단했다.

그래서 사내 시험을 응시했는데 보기 좋게 떨어지고 말았다. 질문 자체를 알아듣지 못했던 것이다. 면접관이 여러 차례 설명해 주어서 질문이 무엇인지는 알게 되었는데 이번에는 답변이 나오질 않았다. 딱 봐도 탈락 각이었다. 그는 손을 털며 일어섰다.

"See you next time.(다음에 봬요.)"

지금은 실력이 안되어 자리에서 일어나지만 절대 포기하지 않겠다는 나름 멋진 의사 표현이었다. 면접관은 그 사람의 마음을 읽었는지 의미심장한 표정을 지었다고 한다. 영어는 못하지만 맥락과 감정이 교감 되는 얼마나 멋진 커뮤니케이션인가?

아무튼 그런 강렬한 열망을 안고 들어온 수업에서 내가 '필기하지 마'라고 말하자 그는 얼굴이 벌게졌었다. 그리고 바로 다음 수업부터 완전히 다른 자세로 수업에 들어왔다. 그는 그날부터 몸을 움직이기 시작했다. 몸을 앞뒤로 흔들면서 리듬을 타는 건 기본이요, 래퍼가 힙합 하듯 고개를 끄덕이기도 했다. 때로는 지휘자처럼 손을 움직였다. 사실 나는 그가 변했다는 사실에 주목했지 그게 나를 흉내 내고 있었던 것이라고는 생각지도 못했다.

"선생님이 그렇게 하시던데요."

그는 나를 연구했다. 내가 하는 모든 것을 그대로 카피해 보겠다고 다짐했다. 가르치는 사람의 방법을 그대로 따라 해 보자고 마음먹었던 것이다. 몸짓뿐 아니라 입도 크게 벌리기 시작하고, 한국말을 할 때도 리듬과 강세를 넣었다.

"아니, 그건 내가 경상도 사람이라 사투리를 써서 그래."

그는 나의 사투리까지 따라하곤 했다.

그가 공부했던 방법은 여러모로 모범적인데, 그는 회사 퇴근 후에 아내를 앞에 앉혀 두고 그날 외운 표현을 연습했다고 한다. 마치 내가 할리우드 배우들과 가상의 대화를 나누었던 것처럼 말이다. 아내는 비록 알아듣지 못하는 영어였으나 가족과 함께 외국으로 나갈 수 있다는 생각에 성심성의껏 도움을 주었다고 한다. 아무리 피곤한 날에도 아내 앞에서 영어 말하기는 빠뜨리지 않았고, 5개월 동안 주말은 반납하고 영어에 몰두했다. 그리고 2년간의 해외 파견근무를 위해 가족 전부가 비행기에 몸을 실었다. 그때 그의 아들이 5살이었는데, 이 나이의 아이들은 가르치지 않아도 영어를 배울 준비가 되어 있는 것 같다. 2년 후 귀국한 그가 자신의 집으로 나를 초대했다. 나는 그의 아들과 영어로 대화를 해보았는데 쓰는 단어만 아이다울 뿐 나머지는 현지인과 전혀 다를 게 없었다. 그러나 딱 한 가지, 말이 조금 느렸는데 그건 이유가 있었다. 그의 아버지가 원래 말이 느린 사람이었기 때문이다. 아들은 아버지를 카피하며 커왔던 것이다.

몸짓, 말투, 표정까지 남김없이 따라 하기는 분명 낯선 도전이다. 때로는 쑥스럽기도 하고, 해본 적 없는 공부법이어서 피로가 가중되기도 한다. 그래서 도전할 가치가 있다. 그의 마음을 돌리는 데 기여했던 말이기도 하니 다시 한 번 아인슈타인이 정의했던 '미친 짓'을 인용해 본다.

"Insanity : doing the same thing over and over again and expecting different results.(정신이상 : 같은 일들을 반복하면서 다른 결과를 기대하는 것.)"

진짜 영어 한마디

"Let's put it on the back burner"라는 표현을 미드에서 들었다. 어떤 장면이었을까? 배경은 뉴욕의 한 사무실, 회의 도중 보스로 보이는 사람이 대수롭지 않다는 듯이 던진 말이었다. 도대체 무슨 뜻일까? 이때 'burner'는 가스레인지에 냄비를 올릴 수 있는 부분, 즉 점화구를 말한다. 흔히 2구, 3구, 4구 가스레인지라고 표현하는데, 우리가 가장 흔히 볼 수 있는 게 4구 가스레인지다. 점화구가 앞뒤로 2개씩 놓여있는 그것이다. 이때 뒤에 있는 두 개의 점화구를 'back burner'라고 부른다. 지금 신경 쓰지 않아도 되는, 혹은 나중에 만들어도 되는 덜 중요한 요리를 뒤쪽 버너에 올려두는 건 가스레인지 쓰는 나라들의 공통점인가 보다. 그런 뜻에서 'on the back burner'는 '보류해 둔', '뒤로 제쳐 둔'을 뜻한다.

발음 '을렛츠 푸리론더 백버너' 정도로 발음하면 가장 가깝다. '레츠/풋/잇/온/더/백

버너'처럼 끊어서 발음하지 않도록 주의한다. 리듬을 살려서 자연스럽게 말한다.

[생활] 이번 주까지 끝내야 할 일이 산적해 있다. 그런데 논의되고 있는 프로젝트는 두 달 뒤에 있을 바이어와의 미팅 건 아닌가? 이때다! "Let's put it on the back burner and start talking about this project.(이 건은 나중으로 미루고, 이 프로젝트에 관해서 이야기합시다.)"

팀 짜서 롤 플레이하기

나는 수업 시간 중에 반드시 롤 플레이를 시켰다. 롤 플레이는 수강생이 팀을 이루어 드라마의 한 대목을 영어로 연기하는 시간이었다. 순서는 다음과 같다.

① 미드에서 한 장면을 발췌한다.
② 등장인물이 3명이면 한 팀을 3명으로 구성한다.
③ 일주일의 연습 후 사람들 앞에서 연극 무대를 펼친다.

나는 이 과정을 즐겁게 하려고 두 팀이 경쟁하는 방식을 동원했다. 팀원 수는 미드의 장면에 따라 정해졌고, 팀은 수강생들이 알아서 정했다. 그런데 마침 영어 실력이 제법 탄탄한 A팀과 실력이 다소 처지는 B팀이 경쟁을 벌인 적이 있었다.

발표 당일이 되었다. 기대주 A팀이 나와서 연극 무대를 펼치는데, 이런! 국어책을 읽고 있었다. 발표가 끝난 뒤 얼마나 준비했는지 물었다. 주어진 일주일 동안 A팀은 하루에 30분 정도 모여서 맞춰보고 헤어졌다고 했다. 아마도 서로가 대사를 잘 외웠는지 점검하는 수준에서 모임을 가졌던 것 같다. 왜 그들이 대사 외우기에 바빴는지 알 수 있는 대목이었다.

반면 평소 영어 실력이 다소 처진 B팀은 롤 플레이가 무엇인지 잘 이해하고 있었다. 나중에 B팀의 리더에게 물어보니 그는 이렇게 답변했다.

"진짜 연기를 해보자고 다짐하고 시작했습니다. 사람들이 돈을 내고 보는 연극이라고 생각했어요. 그래서 미드에 나오는 배우들의 모든 것을 그대로 따라 해 보기로 했죠. 표정과 제스처, 억양, 목소리 크기는 물론 겉으로 드러나지 않는 감정까지 그대로 느끼려고 노력했습니다."

그들은 심지어 소품까지 준비해서 무대에 올랐다. 물론 전문 배우들이 아니므로 연기의 질까지 논할 수는 없다. 실제로 B팀은 다소 닭살 돋는 연기를 했다. 그러나 나는 연극 관객도 아니요, 연출자도 아니었다. 내 눈에는 그들이 얼마나 배역에 몰입하려고 했는지 그 노력의 흔적들만 보였다.

롤 플레이가 끝난 뒤 마무리 멘트를 했다.

"A팀은 고등학교 시절처럼 영어를 공부한 거지, 그건 트레이닝이 아니야. 봐봐, B팀 보고 뭐 느낀 거 없어?"

그러자 A팀 리더가 자그마한 목소리로 이렇게 말했다.

"저희가 준비를 잘 못한 것 같습니다."

"이건 준비를 잘하고 못하고의 문제가 아니야. A팀은 방향을 잘못 잡은 거야."

A팀은 설령 하루에 3~4시간씩 모여서 연습을 했더라도 국어책 암송에서 벗어날 수 없었을 것이다. 그들은 외우는 데 포인트를 맞췄다. 문장이 틀리지 않도록 주의하고, 발음이 정확하도록 유의하는 데 집중했다. 그러니 집에서 혼자 외운 다음 모여서 30분 정도 맞춰보는 것으로 연습이 다 되었다고 생각한 것이다.

반면 B팀은 내가 요구하는 게 무엇인지 잘 이해하고 있었다. 그들은 영어 말하기가 아니라 영어 표현하기를 구현했다. 배역 간의 관계에 집중했고 각자의 감정에 충실했다. 드라마든 영화든 연설이든 기자 회견이든 영어가 쓰이는 모든 시공간에는 배경이란 게 있다. 그 배경 안에서 개개인은 특정 감정이나 위치, 입장을 취하게 된다. 자신이 이 관계망 안에서 어떤 입장에 놓여 있다는 걸 전제하고 대사를 주고받을 때 그것이 바로 진짜 따라 하기가 된다. 내가 원하는 건 그처럼 감정이나 배경을 인지한 상태에서 진짜 배우처럼 연기하는 것이었고, B팀은 그게 무엇인지를 100% 보여주었다.

그러면 누군가는 이렇게 반론할 수 있다. "우리가 배워야 할 건 영어지 연기가 아니지 않은가요?" 일리 있다. 실제로 영어 말하기만 보면 A팀이 더 잘했다고 말할 수도 있다. 대사의 정확성과 발음에서는 나무랄 데 없다. 그런데 문제가 있다. 오늘 발표한 내용은 시간이 지나면 망각 곡선을 타고 기억에서 사라진다. 반면 B팀은 1년이고 10년이고 이 순간의 모든 것을 다 기억하게 된다.

왜 그럴까? 깊게 몰입했기 때문이다. 그 표현이 쓰이는 상황과 감정에 함께 빠져들었기 때문이다.

나는 롤 플레이가 지구 최강의 영어 트레이닝 방법이라고 믿는 사람 중 한 명이다. 나 역시 할리우드 배우들과의 대화를 통해서 그 효과를 체험했다. 수강생들도 가장 기억에 남는 것으로 롤 플레이를 꼽는다. 그저 그런 일이 있었다고 기억하는 데서 그치는 게 아니라 그때 외운 영어 표현이 유독 잘 떠오른다고 공통적으로 증언한다.

그래서 수강생에게 적극 참여하라고 권유한다. 보통은 한 달에 한 번 하지만 횟수는 상관없다. 원한다면 일주일에 한 번이라도 자리를 마련해 준다. 노력도 필요하다. 대본 전체를 다 외워야 하기 때문이다. 설령 내가 맡은 대사가 절반 분량이더라도 2페이지에 달하는 대사를 전부 외워야 한다. 물론 부담된다. 그럼에도 하는 사람들이 있다. 나는 그들을 격려한다. 그만큼 효과는 탁월하기 때문이다.

한창 영어를 공부하던 시절, 나 역시 미드 스터디를 하던 팀에 들어갔던 적이 있었다. 팀에 들어간 이유 중에는 말없이 한 가지 표정만 짓고 있는 포스터 속 배우들에게 지쳤던 것도 있었다. 나는 영어로 진짜 대화를 주고받고 싶었다. 나는 팀원들에게 롤 플레이를 해보자고 권했다.

"3분짜리 스크립트를 발췌해서 연기해 보는 거야. 맡은 배역의 숨소리까지 다 외워서 연기하는 거지. 이 표현이 어떤 뉘앙스를 갖고 있는지 알려면 그 정도는 해봐야 하는 거 아니야?"

한 달 뒤 팀원들은 입을 모아 이렇게 말했다.

"롤 플레이가 신의 한 수였네."

나도 큰 효과를 보았는데 그때가 미국에 요리사로 가기 직전이었고, 하고 싶은 말 중 절반은 표현할 수 있는 수준에 이르렀다.

카페에 앉아 커피를 즐기고 있는데 귀에 익숙한 팝송이 흘러나온다.

"the situation got out of hand~."

직역하면 '상황이 손을 떠났다'는 말로, '(어떠한 상황이) 손쓸 수 없게 되었다, 통제 불가능한 상황이 되었다'라는 뜻이다. 이 팝송은 Gareth Gates의 〈Anyone of us〉다. 들어보면 '아! 이 노래였어!' 하는 반응이 나올 것 같다.

발음 'out of'는 '아러브'라고 발음한다. 간단한 발음 같지만 디테일을 살릴수록 원어민처럼 보인다. 전체 문장은 '더 시츄에션 가라어브 핸드' 정도가 좋겠다.

상황 노래 〈Anyone of us〉를 들어보면 남자가 여자에게 잘못을 저질렀는지 '이 상황이 손쓸 수 없게 되었다'면서 절절하게 들린다. 부제가 'Stupid mistake(어리석은 실수)'이므로 대충 감이 올 것 같다. 이런 일이 있어서는 안 되었는데 정말 후회스럽다는 느낌으로 'The situation got out of hand'라고 말하면 되겠다.

응용 이런 상황도 생각해 보자. 술만 먹으면 개가 되는 친구가 있다. 취했다 싶으면 도망치는 게 답이다. 그때 이렇게 말한다. "Things always get out of hand when he gets drunk.(그 친구는 취하면 감당이 안 돼요.)"

강렬한 체험을 통해 영어 익히기

영어 트레이닝에서 강렬한 자극은 무엇보다 중요하다. 창피했던 기억, 자존심이 상했던 기억, 혹은 자부심이 뿜뿜했던 기억은 잘 잊히지 않는다. 다음 내용은 강렬한 자극을 만드는 영어 트레이닝 방법이다.

❶ 사람들 앞에서 말하기

인생에서 가장 무서운 경험은 무엇일까? 한 설문에 따르면 2등이 죽음이고, 1등이 사람들 앞에서 말하기다. 사람들 앞에서 말하기는 그 자체로 피하고 싶은 일이다.

반대로 말하면 사람들 앞에서 말하기는 강렬한 자극을 만든다. 그래서 나는 이 방법을 강의 중에 자주 활용한다.

나는 수강생들에게 '나의 꿈 말하기'를 비롯해서 '스티브 잡스Steve Jobs처럼 연설하기'와 같은 영어 발표를 시킨다.

가장 흔한 주제가 여행지 소개다. 보통 2~3분 정도 혼자서 영어 발표를 진행하는데 경우에 따라 말문이 터진 사람들은 5분간 발표를 하기도 한다. 한 번은 '내 꿈은 동사형입니다'라는 말로 발표를 시작한 사람도 있었다. 그는 자신의 인생 목표를 자랑스럽게 소개했다. 30대에는 외국을 다니며 다양한 문화와 사람들을 경험해 보고 싶고, 40대에는 해외여행 정보를 실시간으로 공유할 수 있는 앱을 만들어보고 싶고… 워, 워~ 조금은 진정이 필요한 친구였다.

보통 발표는 한 달의 마지막 미션으로 주어지며 횟수가 누적될 때마다 최소 발표 시간을 1분에서 2분, 2분에서 3분으로 늘린다. 5개월 차에 이른 사람이라면 5분 동안 혼자서 떠들어야 하니 결코 쉽지는 않을 것 같다.

물론 모든 사람이 잘했던 건 아니지만 이 시간을 즐기며 수행했던 사람들은 분명 영어 레벨이 달라지는 게 눈에 보였다.

❷ 외국인 인터뷰하기

혼자서는 힘들다. 그래서 3인 1조로 팀을 짜서 인터뷰 동영상을 찍어오도록 했다. 그러나 수칙이 있었다. 총 3번의 인터뷰를 진행한다면 각자가 번갈아가면서 인터뷰를 진행해야 한다. 동영상은 남은 두 명 중에 한 명이 찍는다. 인터뷰에 특별히 흥미를 느낀 팀들도 있었다. 그들은 2분짜리 영상을 찍어오라고 했더니 20분을 찍어서 왔다. 인터뷰 도중 외국인과 말이 잘 통해 창경궁을 소개해 주겠다고 같이 다녀온 모양이었다.

한 팀은 수업 시간에 동영상을 틀어놓고 마치 자신이 MC가 된 것처럼 진행을 했다. 길에서 만난 외국인에게 인터뷰 도중 '너 한국 음식 중에 제일 못 먹는 게 뭐야?'라고 물어놓고 영상을 일시 정지시킨다. 그런 뒤 수강생들에게 묻는다.

"이 친구가 뭐라고 답했을까요?"

그러면 수강생들이 "김치?", "청국장?" 하고 답을 외친다.

발표를 즐긴다는 건 무슨 뜻일까? 더 이상 영어가 고단한 학습이 아니라는 얘기다. 또한 외국인을 만나서 성공적으로 대화를 나누었다는 게 그렇게 뿌듯할 수 없다는 얘기다. 대화 수준은 어떨까?

수강생 : 네가 생각하는 한국의 장단점에 대해서 얘기해 봐. 먼저 장점부터.

외국인 : 여자들이 예뻐.

수강생 : 어떻게 예쁜데?

외국인 : 동화 속에 나오는 사람들 같아. 너도 예쁘잖아?

수강생 : 어, 그래? 고마워. 단점은?

외국인 : 모든 게 빨라. 성격들이 급한 것 같아. 개인 영역도 없는 것 같고.
　　　　가끔 무례해 보인다고 할까? 표정에 변화도 없고. 삶을 즐기지 못
　　　　하는 것처럼 보여.

　이 인터뷰를 통해서 수강생은 무엇을 느꼈을까? 수강생은 그저 영어
만 한 것도, 동영상만 찍은 것도 아니었다. 만일 내가 체험한 것과 똑
같다면 이 수강생은 한국 중심의 세계관에서 빠져나올 수 있는 동아줄
같은 걸 만났다고 느꼈을 것이다. 실제로 영어를 배운다는 건 전혀 다
른 세계에 발을 내딛는 것과 같다. 우리는 영어를 통해 다른 나라 사람
들의 생각과 관점을 알게 되고, 이를 통해 다시 나를 보게 된다. 그렇게
한국이라는 우물에서 벗어나 세계인이 되어간다. 표정은 또 어떤가?
입을 크게 벌려서 발음하라고 그렇게 쪼아대는 통에 늘 턱이 아프다고
하던 사람들이 외국인을 만남으로써 자신의 얼굴에 표정이 없다는 것
도 알게 된다.

　이제 외국인과 대화하는 게 익숙해진 사람들에게 나는 새로운 미션
을 부여한다. 길 잃은 외국인 도와주기, 식당에 앉아 있는 외국인에게
다가가서 메뉴 고르는 거 도와주기, 홍대나 이태원 펍에 가서 외국인
친구 사귀어 보기…. 대뜸 다가가서 영어로 말을 걸어도 "꺼져"라고 말
하는 외국인을 나는 본 적이 없다. 한국의 아름다운 고궁에 대해서 영
어로 소개해주면 그들은 한결같이 너무 즐거워했다.

　미국 뉴욕의 어느 분위기 있는 식당에서 맛있는 저녁을 먹고 있을 때

였다. 참고로 미국 식당에서는 종업원이 손님들과 대화를 나누는 게 흔한 일이다. 마침 종업원이 다가와 말을 걸었다.

종업원 : How's the food? good?(음식 어때요? 괜찮아요?)
나 : Oh, yes. It's great. (엄지손가락 두 개를 척 들면서) If I had more thumbs, I would give more.(네, 너무 맛있네요. 엄지손가락이 더 있으면 더 줄 텐데요.)

엄지 두 개를 척 드는 걸 영어로 'Two thumbs up!'이라고 한다. 최고로 좋다는 의미다. 암튼 너무 자연스럽게 잘 대답했나 보다. 그러자 웨이트리스가 놀란 토끼 눈으로 말했다.

종업원 : How long have you been here?(여기 온 지 얼마나 됐어요?)
나 : Three days. Why did you ask?(3일이요. 왜 물어보시는 거죠?)
종업원 : Three days? Oh My God! I'm surprised your English is so nice and natural.(3일이요? 맙소사. 영어를 너무 자연스럽게 잘 하셔서 놀랐어요.)

한창 영어 트레이닝에 열을 올리고 있을 때라 그 말이 너무 기분 좋았다. 나에게는 인생 전체를 통틀어 손에 꼽힐 만한 찬사였다.

이 또한 외국인과 대화를 하는 과정에서 우리가 얻을 수 있는 뿌듯함이요, 즐거움이다.

오랜만에 옛 친구를 만났다. 평소 연락이 소원하던 친구다. '연락하고 지내자!'라고 말해야겠다. 자신 있게 'Let's keep in touch!'라고 말했다. 뿌듯하다. 그런데 옆에 있는 다른 친구가 그 친구에게 'Don't be a stranger!'라고 한다. 뜬금없이 '낯선 사람이 되지마'는 왜 나온 것일까? 알고 보니 이 말도 '연락하고 지내자'라는 뜻이었다. '(또 연락이안 돼서) 낯선 사람 되지 마'라는 뉘앙스를 가지고 있다. 좋은 표현이다. 꼭 써보자.

발음 'Don't be a stranger!'에서 'stranger'는 '스트레인저'가 아니라 '스츄뤠인저'에 가깝게 발음한다. '돈삐어 스츄뤠인저!'라고 발음하면 완벽하다.

상황 연락이 잘 안 닿는 친구와 오랜만에 만나 수다 떨고 헤어질 때 '꼭 연락하자'는뉘앙스로 'Don't be a stranger!'라고 말해준다.

24살 그녀의 응용하기

여전히 그 사람의 블로그에 들어가면 내 이야기가 실려 있다. 그녀는당시 나의 수강생이었던 24살의 간호사 Jinny였다.

그녀가 나를 찾아왔을 때 그녀의 시계는 D-100일이었다. 3개월 뒤에호주로 이민을 가기로 계획을 세웠던 것이다. 그녀는 이민을 앞두고 곰곰이 생각해 보았다. '호주에 가면 무엇이 가장 불편할까?' 직업이야 간호사라는 전문직을 갖고 있으니 먹고사는 일은 큰 불편이 없을 테고,운전면허야 국제 면허증 가져가면 되고…. 고민 끝에 찾은 게 언어였다. 말이 통하지 않는 것만큼 불편한 게 있을까? 그녀는 부당한 대우를받는 게 세상에서 제일 싫다고 했다. 납득하기 어려운 일을 당하면 최소한 나의 권리를 지킬 수 있을 만큼 영어를 쓸 수 있어야겠다는 생각에 강의를 신청했다. 마침 그녀의 친구가 예전에 내 수업을 들은 적이 있어서 자연스럽게 찾게 되었다. 아마도 친구는 그녀에게 몇 가지 팁을 준 모양이었다. 수업 첫날에 그녀는 나에게 코치를 시켜달라고 요청했다.

내 수업에는 나를 도와서 수업을 진행하는 코치들이 있다. 각 코치들은 삼삼오오 수강생들을 맡아서 밀착 관리를 한다. 물론 영어 실력이 코치 선임에 필요한 유일한 요건은 아니지만, 오늘 막 처음 들어온 수강생이 코치를 맡게 해달라고? 하도 부탁해서 어쩔 수 없이 시켜준 것도 있기는 하지만, 나는 그녀의 얼굴에서 절박함과 함께 열의를 보았다. 죽이 되든 밥이 되든 100일 이내에 모든 수업을 마치고 나가야 한다!

그녀는 남자만 네 명인 팀을 맡은 첫날부터 쪼아대기 시작했다.

"내일까지 꼭 해오세요. 이래 가지고 무슨 영어를 한다는 거예요?"

옆에서 지켜보는 내가 민망할 정도로 팀원을 닦달했다.

그러나 역시 문제는 영어 실력이었다. 하루는 그녀가 팀원들에게 전날 외운 걸 테스트한 모양이었다. 오빠뻘 되는 팀원 한 명이 나름 외운다고 외웠는데 그녀가 듣기엔 영 듣기 거북했나 보다.

"영상 보긴 한 거예요?"

그녀가 꽥 소리를 질렀다.

"몇 번 봤어요?"

"두 번."

대답은 했지만, 오빠로서 체면이 말이 아니었을 터였다. 자존심도 상하고 화도 나니까 그 오빠도 꽥 소리를 질렀다.

"그럼, 네가 해봐!"

그런데 이게 무슨 일인가? 그녀의 영어 말하기는 이미 그 오빠가 문 댈 게 아니었다. 말하기 속도는 느렸지만 분명 리듬이 살아 있었다. 그게 수업 일주일째 되는 날이었다.

그녀는 교재에 선까지 그려가면서 리듬을 표시해 두었고, 완벽히 연기해내기 전까지는 영상 시청을 멈추지 않았다. 그런 노력을 알고 난 뒤 네 명의 팀원들은 그녀에게 존경심을 갖기 시작했다. 코치로 받아들인 것이었다.

영어 발표는 내 수업의 필수 과정 가운데 하나이다. 발표 주제는 자유이나 두 가지 수칙이 있다. 하나는 최소 시간 지키기이고, 다른 하나는 반드시 배운 표현을 응용해서 넣어야 한다는 점이다.

하루는 그녀가 맡은 팀원 중 한 명이 발표를 했다. 나름 영어에 자신감을 갖고 있는 수강생이었고, 실제로 발표 내용도 나쁘지 않았다. 일 분 남짓한 발표가 끝나자 수강생들이 감탄사를 연발했다.

그러나 나와 그 깐깐한 코치 Jinny만 얼굴을 찡그렸다.

"잘했어. 그런데 포인트를 영 모르는 것 같네."

내가 입을 열자 분위기가 차갑게 식었다.

"네가 알고 있는 말을 하는 게 이 미션의 목표가 아니야. 내가 일주일 동안 토픽에서 다뤘던 표현을 네 상황에 맞게 바꿔서 말해야지. 배운 거 못 써먹으면 이 수업에서 얻어가는 게 뭐야?"

그 수강생은 배운 표현을 써먹지도 않았고, 응용하지도 않았다. 연이어 비장한 표정의 코치 Jinny가 강단에 섰다. 발표 시간은 1분이었고, 발표문은 약 12~13개의 문장으로 이루어져 있었는데, 들어보니 그중 10문장이 배운 표현이거나 그걸 응용한 문장이었다. 완벽한 모범답안이었다.

"여기 열 개 문장은 배운 거고, 나머지는 어떻게 넣었어?"

"남은 문장은 검색해서 찾았는데요, 맞는지는 모르겠어요."

그녀는 잠시 생각을 하더니 말했다.

"그러나 나머지 열 개 문장은 맞는다고 확신해요. 외국인 앞에서도 언제든 말할 수 있을 것 같아요."

영어실력이 일취월장하는 그녀는 그럼에도 불구하고 콧대를 세우는 우를 범하지 않고 창피해서 쥐구멍에 숨고 싶었던 오빠를 격려하여 4주 차가 지날 무렵에는 함께 성장하는 모범까지 보였다. 깜짝 놀랐던 점은 그 오빠가 영어 발표를 하던 순간이었다. 그는 방학 때마다 여행을 다녔고, 그래서 여러 여행지를 즐겁게 소개했는데, 이미 영어를 즐기고 있다는 느낌이 들었다.

그렇게 석 달이 지나갔다. 마지막 날이 되자 그녀에게 오럴 테스트를 했는데 대화에 아무런 문제가 없었다. 1~2년 차 어학연수를 빡세게 다녀온 사람만큼 실력이 향상되었다. 무엇보다 자기 영어에 대한 확신이 있었다.

"제 인생 처음 진짜 영어이자 마지막 영어 같아요. 이제부터 즐기는 일만 남았겠죠? 벤쌤과 말백타는 평생 기억할 겁니다. 감사해요."

앞서 이야기했던 레너드와 페니의 대화를 가르칠 때였다. 그때 23살 코치는 '나중에 남친 생기면 써먹어야겠다'며 장면을 연기했다고 한다.

도대체 몇 번이나 그렇게 연기했던 것일까?

"배우들의 목소리와 표정이 떠오르지 않으면 다시 찾아들었어요."

그렇다. 이것이 영어 말하기 트레이닝이다. 일단 레너드가 되어 영어 표현을 익힌 후에 그걸 내 것으로 만드는 것, 혹은 응용해 보는 것.

진짜 영어 한마디

출근했는데 분위기가 싸하다. 옆자리 동료가 부장님이 저기압이라며 보디랭귀지로 신호를 준다. 인사를 생략하고 조용히 자리에 앉는다. 점심때 그 동료에게 '귀띔해 줘서 고마워'라고 말하고 싶다. 어떻게 말하면 좋을까?

"Thanks for the heads-up."

'Thanks for A'는 'A에 대해 고마워'를 의미한다. 'the heads-up'은 '귀띔, 주의'다.

발음 'heads-up'은 '헤즈업'보다는 '헷쩝' 정도로 발음하면 좋겠다. 자연스럽게 고마워하면서 리듬을 살린다.

실활 밤늦게 친구들과 놀다가 집에 살금살금 들어갔더니 눈치 빠른 동생이 뛰어나와 엄마가 터지기 일보 직전임을 알린다. 큰일이다. 엄마가 알아채기 전에 살금살금 내 방으로 들어간다. 동생도 따라 들어온다. 동생에게 말해보자. "Thanks for the heads-up."

두 달 만에 어떻게 그렇게 늘었니?

영어 트레이닝을 위한 마지막 방법으로 동영상 녹화를 추천한다. 일

종의 셀카 영상이다. 뉴스를 외웠다면 스마트폰 앞에서 구현해 보자. 영어 일기를 썼다면 달달 외워서 녹화해 보자.

동영상을 찍을 때는 영화감독이 최고의 장면을 찍는다는 마음으로 최대한 완성된 형태를 담도록 한다. 그렇게 하다 보면 완벽한 연기를 위해 수차례 녹화하게 되는데, 반복만큼 뛰어난 선생이 있을까? 테이크 20까지 찍다 보면 영어 실력은 저절로 늘게 되어 있다. 조금 더 스스로를 자극하고 싶다면 유튜브나 인스타그램 등과 같은 SNS에 녹화한 영상을 올려서 사람들에게 공개하는 것도 좋다. 녹화한 영상은 나중에 다시 보면서 자신이 얼마나 발전했는지 비교할 수 있는 자료가 된다. 30점 수준의 영어 레벨이 훗날 70점 수준으로 발전하는 과정을 지켜보는 것만으로도 뿌듯할 뿐 아니라 앞으로의 영어 트레이닝에도 자극을 준다. 또한 나보다 영어를 잘하는 사람이나 원어민을 만날 때마다 동영상을 보여주면서 개선점을 찾는 것도 좋다. 나 역시 과거에 녹음 트레이닝으로 큰 효과를 보았는데, 내게 녹음은 영어 트레이닝의 필수과정이었다.

그토록 염원하던 미국으로 두 달간 어학연수를 갔을 때였다. 그런데 교실에 들어선 첫날부터 실망스럽기 짝이 없었다. 원어민 강사가 진행하는 수업이라지만 한국에서 듣던 수업과 하나도 다를 게 없었던 것이다. 내 옆자리에는 일본인, 베트남인, 브라질인들이 앉아 있었는데 교사는 짝꿍과 영어로 대화하는 수업을 진행했다. 이대로는 도저히 영어가 늘 것 같지 않았다.

답답한 마음에 강의실을 나와 인근의 한 카페로 갔다.

걸어서 15분 거리에 있는 카페를 찾아간 첫날, 자리에 앉아서 신문을 읽고 있는 할아버지 한 분을 만났다. 슬쩍 바라보니 심심해 보이셨다. 뭐라도 말을 걸고 싶었다. 짧은 영어로 물었다.

"Is that Latte?(드시고 있는 게 라떼인가요?)"

그랬더니 할아버지가 이렇게 묻는다.

"유원원?"

무슨 말인지 못 알아들었다. 그래서 그때는 그냥 웃고 넘겼는데 지금 생각해 보면 'You want one?(한 잔 사줄까?)'라는 말이었던 것 같다. 불쌍해 보였나 보다. 어쨌든 대화의 물꼬가 트였다.

"왓브로유히어?"

아마도 'What brought you here?(여긴 무슨 일로 온 거니?)'였던 것 같다. 그러나 역시 못 알아들어서 그냥 웃었다. 그러자 할아버지가 또박또박 다시 물었다.

"Why you here?(왜 너 여기?)"

이번에는 정확히 들렸다. 나는 솔직히 대답했다.

"I skipped class today.(오늘 땡땡이쳤어요.)"

"You're a bad student.(나쁜 학생이구나.)"

할아버지는 나와 대화하는 게 싫지 않은 모양이었다.

이 밖에도 몇 마디를 더 나누었지만, 슬슬 내 영어가 밑바닥을 드러내고 있었다. 그래도 이런 좋은 기회를 놓칠 수는 없었다. 핸드폰에 있는 녹음 파일을 열면서 말했다.

"Could you do me a favor?(한 가지 부탁드려도 될까요?)"

뭐가 싫겠니, 하는 표정으로 할아버지가 대답했다.

"Of course.(물론.)"

나는 뉴스 따라 말하기를 녹음한 파일을 틀었다. 할아버지는 '음, 음' 하면서 고개를 끄덕이셨다.

"Good!(잘하는데!)"

자신감을 얻은 나는 이번엔 영어 일기 파일을 틀었다. 이번에는 할아버지가 고개를 저었다.

"Not so good.(이건 별론데.)"

"What's the problem?(뭐가 문제일까요?)"

"You made many mistakes.(일단 틀린 게 많아.)"

내가 실망한 표정을 짓자 할아버지가 말했다.

"내일도 오렴. 나는 매일 여기에 오니까. 대신 주제를 하나 줄 테니 그걸로 글을 써봐. 그리고 오늘처럼 녹음해서 들려줘."

다행히 할아버지는 내게 친숙한 주제를 제시했다.

"내 친구 중에 한국전쟁에 참전했던 군인이 있어. 한국전쟁에 대해서 써볼 수 있겠니?"

우리는 내일 다시 만나기로 하고 헤어졌다.

다음날 다시 그 카페에 가서 할아버지를 만났다. 나는 틀린 표현을 최대한 줄이기 위해 배운 표현을 응용하여 녹음 파일을 만들었다. 할아버지는 녹음기를 듣고는 'Great(훌륭해)'라는 표현을 써서 내 숙제를 칭찬했다. 그리고 이렇게 덧붙였다.

"이런 일이 있었구나. 나는 한국전쟁이 왜 일어났는지 몰랐거든."

이야기 끝에 할아버지는 내게 흥미로운 제안을 했다. 자신과 함께하면서 문화를 공유하자는 것이었다.

"어때? 너에게 도움이 되겠니?"

"물론이죠."

"실은 나에게도 유익한 시간인 것 같아. 우리 함께해 보자꾸나?"

"네, 좋습니다."

할아버지는 그 동네 토박이였다. 동네 친구들이 모이는 장소로 나를 데리고 가서는 일일이 소개해 주었다. 그들은 검은 머리의 이방인을 신기한 듯 바라보며 관심을 보였다. 하루는 불고기를 만들어 같이 먹기도 했다. 그들은 'delicious(맛있네)'를 연발했다. 할아버지가 안 계시는 날에는 친구분이 나의 숙제를 검사해 주고 올바른 표현이나 다른 표현도 알려주었다. 그러나 무엇보다 그들과 대화를 나누며 나는 점점 자신감이 붙었다. 그렇게 한 달 반의 특별 과외가 끝이 났다.

마침 어학원 수업이 종강을 앞두고 있었다. 그간의 성과를 테스트하는 평가 시간이 돌아왔다. 첫날에 나의 영어 실력을 총 6단계 가운데 두 번째로 낮은 2단계로 판단했던 담임선생은 오럴 테스트를 마치고 나서 깜짝 놀란 표정을 지었다.

"너는 수업도 잘 안 들어왔는데 어떻게 영어가 두 달 만에 이렇게 늘었니?"

선생님의 칭찬은 끊이질 않았다.

"인사하는 것도 그렇고, 제스처도 원어민처럼 자연스러워. 심지어 어려운 주제를 던져주어도 막힘없이 대답하네. 놀라워. 도대체 무슨 일이 있었던 거야?"

나는 그간의 사정을 들려주었다.

"…그렇게 된 거예요. 제가 생각하기에 제 선택이 옳았던 것 같아요."

선생님은 조용히 고개를 끄덕였다.

"내가 보기에도 그래. 너는 좋은 선택을 한 것 같아."

실제로 어학원 수업을 열심히 들은 학생 가운데 나만큼 비약적인 발전을 한 사람은 한 명도 없었다.

진짜 영어 한마디

"할아버지, 할머니께서 저를 키워 주셨어요"라고 할 때 "My grandparents grew me up.)"라고 하면 정확한 표현일까? 한 단어만 바꾸면 완벽한 표현이 된다.

"My grandparents brought me up."

사전적인 의미를 봐도 'grow up'은 '자라다, 성장하다'이고 'bring up'은 '기르다, 키우다'로 다르게 쓰인다. 정확한 인풋으로 정확하게 활용해보자.

발음 'grandparents'는 '그랜드페어런츠'가 아니다. '그뢘페어뤈츠' 정도가 좋겠다. 'brought me up'도 '브로트/미/업'보다는 '브뢋미업'이라고 발음하면 좋겠다.

상황 어린 시절 경제와 가사로 바쁜 부모님 때문에 할아버지와 할머니께서 나를 키워 주셨다. 그래서 간혹 사람들이 나의 유년시절을 물어볼 때 나는 이렇게 대답한다. "My grandparents brought me up when I was a child." 참고로 "나는 서울에서 자랐어"라고 말하고 싶다면 "I grew up in Seoul"라고 말하면 된다.

영어를 배운다는 건 삶에 놀라운 활력을 불어넣는 것

종로 YBM에서 강의를 했을 때, 나는 아침반 수업을 꼭 진행했다. 보통 아침 7시에서 8시 10분까지 70분간 진행하는 수업이었는데, 수강생 중에는 노원이나 일산에서 오는 사람들도 있었다. 시간에 맞춰 오려면 늦어도 새벽 5시에 일어났다는 얘기다. 귀한 아침잠을 포기하고 나온 사람들이라서 그런지 절대 조는 모습도 보이지 않았다. 하루는 그 친구들에게 물었다.

"도대체 아침 수업을 빠지지 않고 들을 수 있는 원동력이 뭐냐? 안 힘들어?"

그러자 한 수강생이 대답했다.

"제가 너무 피곤해서 하루 빠지고 잠을 자봤는데요. 도리어 피곤하더라고요. 비록 잠은 덜 잤지만 강의 듣다 보면 막 힘이 넘친다고 해야 하나? 하루 종일 에너지가 넘쳐요. 그러니 빠질 수가 없어요."

나중에 가만히 통계를 내보니 아침반 출석률이 저녁 반보다 좋았다. 나는 그들이 왜 이렇게 말했는지 잘 안다. 펜 들고 고개 숙인 채 조용히 듣는 수업이라면 도리어 피곤이 가중될지도 모른다. 그러나 내 수업에는 절대 정숙이나 근엄함 따위는 없다. 내 수업에서 영어를 배운다는 건 시험을 치르기 위함이 아니라 한 번도 써보지 못한 표현력을 가지게 되는 과정이기 때문이다.

우리는 공부로서의 영어에 친숙하다. 반면 나는 운동처럼 영어를 배웠다. 발음할 때는 안 쓰던 얼굴 근육을 쓰기 때문에 연습이 길어질 때면 턱이 빠질 듯 아플 때도 있었다. 안 쓰던 얼굴 표정도 많이 쓰기 때문에 나중에는 '너는 천의 얼굴을 가졌어'라는 말도 들었다. 안 쓰던 제스처도 쓰다 보니 표현력이 풍부하다는 말도 난생처음 듣게 됐다. 한국어의 세계에서 살아간다는 건 때로는 나보다는 타인을 먼저 배려하고, 남들 앞에서 얌전하게 구는 것을 의미한다. 그게 나쁜 건 아니지만 그 때문에 우리는 자기를 표현하는 데 인색해진다. 반면 영어의 세계에 발을 들여놓는다는 건 억눌렸던 우리의 표현 능력을 개방하는 일이다. 그래서 미처 몰랐던 내 안의 에너지를 찾게 된다. 그 에너지를 품격 있게 꺼내 쓰는 것이 곧 영어를 트레이닝하는 과정이며, 그래서 영어 배우기란 실은 활력을 되찾고 인격을 배우고 꿈을 갖게 되는 일이라고 생각한다.

그래서 영어는 절대 책으로 배우지 말아야 한다. 가만히 앉아서도, 시험을 위해서도, 필기하며 배워서도 안 된다.

대신 영어는 소리를 통해서 배우며, 이미지를 떠올리며 배우고, 감정을 살려 배우는 것이다. 아니, 배우는 게 아니라 트레이닝하는 것이다. 이 네 가지를 합쳐서 나는 '사이어트'라고 부른다. 사이어트는 기존에 우리가 알던 학습법이 아니다. 내가 그랬듯이 당신의 숨은 열정을 불러 일으켜 줄 뜨거운 영어 학습법이다. 사이어트의 길에 들어선 당신을 환영한다!

3장
영어 공부에
날개 달기

무엇이 나를 영어에 빠지게 만들었을까?

가만히 나의 영어 역사를 되짚어 본다. 나는 과연 어떤 계단을 밟아 오늘의 나에 이르렀을까?

1단계 : 대혼란의 시대(5개월)

영어를 공부해야 한다는 사명감에 불타던 밀양 촌놈이 서울로 유학하여 5개월 만에 토플 CBT 250점을 달성한 시절이다.

평가 : 그러나 이 시절에 내가 확인한 건 오직 하나. 점수 올리는 방법으로 영어를 배워선 안 된다는 점이다. 토익 900점 수준의 점수를 들고 뿌듯하게 고향에 돌아온 나는 보기 좋게 해외 교환학생 프로그램에서 탈락했다. 그것도 모자라 동네 형에게 '그건 진짜 영어가 아니야'라는 충격적

인 말을 듣고 좌절감에 빠진다.

반등의 원천 : 무엇이 나를 좌절에서 일어서도록 했을까? 자존심 때문이었다. 다시 예전의 모습으로 돌아가는 게 죽기보다 더 창피했다.

2단계 : 따라쟁이의 시대(5개월)

동네 형의 조언에 따라 받아쓰기를 시작한 시절이다. 받아쓰기를 통해 모르는 표현을 배우고, 듣기 능력을 향상시키는 것까지는 좋았으나, '외국인 앞에서 말하기'는 또 다른 문제라는 걸 깨닫고 '토픽 속 그들처럼 몸짓, 표정까지 따라 말하기' 연습을 추가했다. 혼자서 하는 말하기 연습의 한계를 극복하기 위해 여러 할리우드 배우들을 소환한 것도 이 시기요, 미드 스터디 그룹에 들어가서 배우처럼 연기하듯 롤 플레이를 했던 것도 이때다. 원어민 회화반을 수강하며 외국인과 대화도 하고, 이태원과 홍대를 돌아다니며 외국인들과 만나 대화를 시도하며 친하게 지냈던 시절이기도 하다.

평가 : 이 5개월은 내게 진짜 영어 공부의 즐거움을 알게 해준 첫 번째 시기였다. 나의 영어는 영어권 국가에 홀로 던져져도 생존은 가능한 수준에 이르렀고, 일상적인 대화도 큰 문제는 없는 레벨이 되었다. 그러나 나의 꿈은 미국에서 생활해 보는 것이었다. 여기서 더 끌어올리고 싶었다.

상승의 원천 : '해보니 되더라'라는 뿌듯함은 다음 단계로 진입하는 데 큰

밑거름이 되었다.

3단계 : 캘리포니아 카페에서 특급 과외를 받던 시대(2개월)

영어로 간단히 대화가 되는 것과 보디랭귀지를 섞어 미국인에게 자연스럽게 내 생각을 말로 전달할 수 있는 수준은 레벨이 다르다. 어학원을 뛰쳐나와 미국 할아버지를 통해 영어를 한 단계 끌어올린 시절이었다. 나의 놀라운 발전 앞에서 어학원 선생님은 엄지를 척 들어주었다.

평가 : 이 정도에서도 충분히 만족할 수도 있었으리라. 실제로 어학연수를 마치고 한국에 돌아올 때 나는 내 영어의 키가 한 뼘 자라 있다는 것을 알고 있었다. 그리고 한국에 돌아온 후 호텔 요리사로 사회생활을 시작했다.

비상의 원천 : 한국에서 요리사로 생활하던 어느 날, 뭔가 채워지지 않는 갈증이 있음을 깨달았다. 미국 생활을 더 깊게 경험해 보고 싶었고, 영어 실력도 더 키우고 싶었다. 미국 미시시피 주로 날아가 1년 동안 요리사로 근무했다.

4단계 : 현지화 시대(1년)

아직 이야기하지 않은 시기다. 이 시기에 나는 인생 처음으로 미국 남부의 자유로운 영혼을 가진 친구들과 어울려 살았다. 그들을 통해 자유로움이란 것이 무엇인지 그때 처음 알았고, 영어를 쓴다는 게 단지 언어를 익히는 문제가 아님을 깨닫게 되었다. 패배자, 낙오자의 굴레를

벗기 위해 열심히 영어를 팠지만 미국 남부에서 만난 내 친구들은 인생이란 그처럼 경쟁하고 싸워서 이기는 게임이 아님을 몸소 보여주었다. 인생이 다른 얼굴로 내게 찾아왔다.

평가 : 미시시피에서 요리사로 근무하던 시절 잠시 뉴욕으로 떠났던 적이 있다. 그때 만난 현지인들이 나의 남부 사투리를 듣고는 어디 출신이냐고 물었던 기억이 생생하다. '실은 한국인'이라고 답하자 그들은 깜짝 놀라는 표정을 지었다.

천직의 발견 : 이 시기에 나는 영어를 가르칠 때가 가장 즐겁다는 사실을 알게 되었다. 배가 아픈 것을 '스토마치에이치'라고 발음하던 그 친구에게 영어를 가르쳤을 때다. 요리사가 천직인 줄 알고 살아오던 나였다. 요리할 때보다 영어를 가르칠 때 더 가슴이 뛰었다. 요리사를 접고 영어를 가르치는 사람이 되고 싶었다.

5단계 : 강사 준비의 시대(1년)

테솔TESOL 석사과정을 수료하기 위해 미국에서 공부하던 시절이다. 영어는 이제 사유의 도구로 확장되었고, 진지한 이야기까지 나눌 수 있을 만큼 발전했다. 그리고 무엇보다 이 과정을 거치며 진짜 영어를 알려주는 사람이 되겠다고 다짐했다.

평가 : 놀라운 점은 나는 지금도 여전히 영어를 배우고 있다는 것이다. 동

네 형의 그 말이 맞았다. 영어는 끝내는 게 아니다. 미국인들이 오늘 일상에서 혹은 핫이슈에서 쓰고 있는 표현들을 하나둘 배울 때마다 내 가슴은 뛰었고, 이를 수강생들에게 가르쳐줄 때마다 뿌듯했다. 영어는 살아 있는 생명체였으며, 그 영어와 함께 나도 활력 넘치는 한 마리 물고기로 살아가고 싶다.

최종 평가

돌아보니 12년 남짓한 기간에 나는 영어에 미쳐서 살았던 것 같다. 그런데 무엇이 나를 지금처럼 영어에 푹 빠지게 만들었을까? 하나의 단어를 꼽으라면 그건 '재미'다. 그러나 '오락이 재밌다'의 그런 본능적이고 중독적인 재미와는 다른 게 있었다. 이제 그 이야기를 시작해 보겠다.

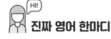
진짜 영어 한마디

'그 파티 정말 재미있었어'는 영어로 어떻게 말할까?

a. The party was very interesting.

b. The party was a lot of fun.

c. The party was very funny.

정답은 b다. 각각의 차이점을 보자.

'fun'과 'funny'의 차이는 앞서 이야기한 적이 있다.

– fun : 즐겁거나 재미있는 일일 때

– funny : 개그 프로가 정말 웃길 때

반면 'interesting'은 보다 지적인 의미다.

– interesting : 지성이나 사고의 관심을 불러일킬 때

- interesting : This book looks very interesting.(이 책 정말 재미있어 보이는데.)
- fun : I had a lot of fun at Jay's party.(나는 Jay의 파티에서 재미있는 시간을 보냈어.)
- funny : I don't think it's funny at all.(하나도 안 웃긴데.)

써먹는 영어의 즐거움

서울 이태원에 생맥주가 맛있는 한 펍이 있다. 손님 중 절반이 외국인이다. 자리를 잡고 앉아서 고개를 드니 표정을 읽을 만한 거리에 낯익은 그가 앉아 있다. 눈을 마주치자 그가 턱을 살짝 치켜든다. 연이어 복식호흡을 하는 사람의 음성처럼 뱃속에서 끄집어낸 굵은 울림소리가 공간을 가로지른다. 귀에 닿은 소리는 뭉개져 있지만 아마도 'hey'일 것이다. 가벼운 미국식 인사법이다.

일행이 있다면 인사로 끝날 수도 있다. 반면 각자가 혼자라면 누군가 자리를 이동해서 합석할 수도 있다. 마침 그가 다가온다.

"It's you again."

대부분 '잇츠'는 잘 들리지 않는다. 생략했거나 작게 발음했기 때문이다. 그래서 '여겐' 정도로 알은체를 한다. '또 보네!' 정도의 뜻이다. 동시에 한국인에게는 다소 낯선 제스처를 취한다. 검지를 들어 나를 가리킨다. 사람을 손가락으로 가리키지 말라는 얘기를 어른들에게 듣고 자란 우리는 외국인들의 이런 행동이 다소 어색할 수 있다. 그러나 그들에게는 지극히 일상적인 제스처다. 다만 가운뎃손가락만 조심하면 된다. 실수로 중지만 들어 보여도 'Watch your finger!'라는 경고 문구가 날아온다. '손꾸락 조심혀!' 심지어 핸드폰 터치를 중지로 하는 모습만 봐도 눈초리가 달라지는 외국인을 본 적도 있다.

이제는 내가 그의 알은체에 응답할 차례다.

"Nice to see you again."

알은체 수준에서 한 단계 높여 '다시 봐서 반가워'로 화답해 준다.

누군가가 가까이 다가간다는 건 무슨 뜻일까? 이에 대한 해석은 동서양이라고 다르지 않다. 대화를 하고 싶다는 얘기다. 나는 처음 만났을 때와 마찬가지로 그의 관심사를 찾기 위해 고도의 집중력을 발휘한다. 보통의 교류라면 공통의 관심사를 찾는 게 일반적이겠지만 나는 입장이 달랐다. 내 관심사는 중요치 않다. 이 친구의 뇌에서 차지하는 비중이 높은 일은 무엇일까? 맥주를 한 모금 마시는 동안 그를 꼼꼼히 관찰해 본다. 마침 그의 옷에 동물의 털이 묻어 있는 걸 발견한다.

"혹시 고양이 키우세요?"

"어떻게 알았어요?"

뭐라고 대화를 이어야 할까? '당신 옷에 고양이 털이 묻었잖아요!'라고 말할까? 이건 지적질이다. 마치 '너 김치찌개 먹었어?', '어떻게 알았어?', '네 입가에 고춧가루 묻었잖아' 수준이다. 대화를 호감 상태로 진전시키기 위해 공감 기술을 시전한다.

"저도 예전에 고양이 키웠었거든요."

실은 나는 고양이를 키워본 적이 없다. 연기 연습하듯 영어를 쓰던 습관에, 외국인과 대화를 하고 싶다는 나의 소박한 목적의식이 결합하여 약간의 양념 같은 거짓말이 나온다. 그러나 상관없다. 친밀감을 만들고 격의 없는 대화로 나아가기 위한 징검다리 정도로 생각하면 좋겠다.

그리고 말문이 트이면 이제 내가 배웠던 표현들을 최대한 동원해서 대화를 이어간다. 한국식 사고로 떠올린 콩글리시가 아니라 철저히 미국인들이 쓰는 표현을 상황에 맞게 말한다. 예컨대 마블 영화 〈어벤저스 : 엔드게임〉에 등장한 대사가 있다.

"Why the long face?"

직역하면 '왜 얼굴이 길어?'이지만, 사실 이 표현은 '왜 울상이야?'를 의미한다. 영어권에서는 시무룩한 표정이나 우울한 표정을 'long face'라고 표현하는데 이미지를 머릿속에 떠올려 보면 어떤 표정인지 감이 올 것이다.

만일 당신이 이태원 펍에서 만난 외국인에게 미국식 영어를 쓰면 그는 미세하게 표정이 밝아진다. '너, 영어 좀 하는구나!' 하는 안도의 표정이다. 대화가 좀 되겠다고 여겨지는 순간, 관계는 대등해지고 거리는 좁혀진다.

한 가지 주의할 점은 외국인을 만나서 영어를 배우겠다는 생각은 위험하다는 것이다. 그들이 나와 무슨 관계이기에 영어를 가르쳐준단 말인가? 70~80% 수준에서 기초적인 대화가 되고, 나머지 20~30% 들리지 않는 말을 물어보면 대답해 주는 정도이지, 그 반대가 되면 교류는 힘들어진다. 그래도 자꾸 친근감을 표현한다면 그건 조금 다른 의도일 것 같다. 이성 교제나 뭐 도를 아십니까 정도의 그런 류의….

가끔 외국인을 만나려면 이태원으로 가는 게 좋으냐고 질문하는 사람들이 있다. 꼭 이태원이어야 할 필요는 없다. 도리어 이태원 외국인들에게는 한국인에 대한 미묘한 편견이 있어서 상처받을 여지도 조금은 있다. 종로든 홍대든 외국인들이 모이는 곳이라면 사실 어디도 상관없을 것 같다. 장소는 굳이 가릴 필요 없다. 보다 중요한 건 ① 외국인을 만나서 ② 배운 영어를 써먹어야 한다는 사실이다. 이 과정은 그 자체로 성취감이 있다. 호흡법을 배운 뒤 수영장에 들어가서 실제로 물속에 얼굴을 담갔다 빼면서 앞으로 나아갈 수 있음을 스스로 확인했을 때 '어, 된다!'는 마음이 들면서 수영이 즐거워진다. 마찬가지다. 영어 역시 배운 걸 성공적으로 써먹을 때 즐거워진다.

아마도 본능적으로 '배운 건 시험 칠 때만 써먹는다'고 생각할지 모른다. 그러나 이제 그런 학업 본능은 버리자. 배운 건 외국인과 대화할 때 써먹는다! 이것이 영어를 더 계속하게 만드는 첫 번째 원천, 즉 '써먹는 영어의 즐거움'이다.

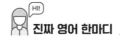

진짜 영어 한마디

우리 가족사진을 보면 사람들이 꼭 하는 말이 있다. "You look a lot like your father. (아버지와 많이 닮았네요.)" 그렇다. 내가 봐도 많이 닮았다. 그런 이야기를 들을 때 나는 "그런 말 많이 들어요."라고 말한다. 영어로는 어떻게 말할까? 엄청 간단하다.

"I get that a lot. (그런 말 많이 들어요.)"

여기서 'get'은 받다의 의미로 기억하면 자연스럽게 이해될 것이다.

상황 내가 미국에 있을 때 현지인들에게 가장 많이 듣던 말 중에 하나가 "Are you

Chinese?(중국 사람이에요?)"이었다. 그럴 때면 나는 웃으며 대답한다. "I get that a lot. But no. I'm Korean.(그런 말 많이 들어요. 그런데 중국인은 아니고 한국인입니다.)"

외국인과 교류하는 즐거움

외국인과 친해질 수 있는 한 가지 팁을 소개한다. 그들의 애완동물 사랑을 활용하는 것이다. 이미 우리나라 사람들도 겪고 있는 '펫 로스 신드롬pet loss syndrome'은 외국인들에게 애완동물이 어떤 의미인지 잘 보여주는 표현이다. 고양이 털을 묻히고 펍에서 맥주를 마시던 그는 대화 중간에 내게 이런 말을 던진다.

"저희 집에 가서 우리 아이들 볼래요?"

애견인 혹은 애묘인들이라면 잘 알겠지만, 그들은 강아지나 고양이를 사람 대하듯 말한다. 똑같다. 그들도 '우리 아이들'이라는 표현을 일상적으로 쓴다. 실제로 그 집에 초대되어 가니 고양이와 강아지가 한

마리씩 있고, 자녀도 두 명이나 있다. 이 사람은 총 네 명의 자식을 기르고 있는 셈이다.

나는 외국인과 친해질 수 있는 여러 방법을 찾다가 애완동물을 매개로 기회를 잡으면 어떨까 생각했다. 이성 교제에서도 애완동물은 사랑의 메신저 역할을 하지 않는가? 마침 이태원에는 강아지 공원이 있다. 한가한 시간에 공원 벤치에 가서 자리를 잡는다. 강아지와 산책을 나온 외국인들이 지나다닌다. 마침 사교성이 좋은 강아지 한 마리가 내게 관심을 보인다. 내 다리 쪽을 어슬렁거리며 킁킁 냄새를 맡기도 한다. 그때가 타이밍이다.

"강아지 너무 귀여워요."

혹은 강아지가 나와 거리를 두고 있을 때는 강아지를 부르는 제스처를 취하며 똑같이 말한다. 강아지가 꼬리를 흔들며 다가오면 이제 칭찬을 이어갈 때다. 뭐든 칭찬거리를 찾는다. "귀여워요", "사랑스러워요"와 같은 기초적인 표현에 이어서 "좋은 냄새가 나네요. 무슨 샴푸를 쓰나요?"라고 묻는다. 반려동물을 키우는 사람들은 자기 반려동물에게 호감을 표시하는 사람들에게 마음을 잘 연다. 칭찬도 기브 앤 테이크라고, 이제 그들이 나를 칭찬할 차례다.

"영어 잘하시네요."

여기까지 오면 이제 대화의 물꼬가 트였다는 뜻이다. 다음 소재를 찾아서 대화를 잇는다.

"한국에 온 지 얼마나 됐어요? 한국 관광지는 많이 다녔어요?"

이런 식으로 대화를 진전시킨다. 한국에서 생활하는 외국인들은 한국 문화에 관심이 많다. 반면 한국 문화를 접할 기회는 많지 않다. 금방 반응이 온다.

"한국에 온 지 얼마 안 됐어요. 한국 문화를 많이 알고 싶어요. 혹시 우리 애들한테 알려줄 수 있어요?"

이건 분명 초대의 의사다. 만나보면 알겠지만 외국인들은 집으로 초대하는 걸 좋아한다. 당장 답변이 떨어진다.

"Yes, of course, I will!(네, 당연하죠. 가겠습니다!)"

전화번호 교환식이 이어진다. 며칠 뒤 전화가 온다. 날짜를 잡는다. 당일이 되면 불고기를 미리 재워두었다가 싸 들고 간다. 바로 구워 먹을 수 있게 말이다. 선물을 들고 가는 건 기본 예의다. 초대에 감사하는 의미로 뭐든 준비하면 좋다. 나는 같이 먹을 음식을 준비했다.

가정 방문을 해 보면 알겠지만 어느 집이든 나를 가족처럼 편안하게 대해준다. 절대 가족 전체가 나에게 일방적으로 관심을 표명하진 않는다. 생각만큼 부담감이 없다. 손님이 합석하여 함께 음식을 즐기는 게 그들에게는 일상이다. 대화를 특정인이 주도하는 경우도 없다. 대화는 자연스럽게 이 사람에서 저 사람으로 옮겨 다닌다. 그 틈에 끼면 그만이다.

이는 나에게 실제 있었던 이야기이고 그렇게 해서 가깝게 지내게 된 가족이 있다. 부부가 둘 다 군인이었는데 아이가 한 명 있었다. 군부대에 육아 시설이 있었지만 이 부부는 아이를 보모에게 맡겼다. 마침 보모가 아파서 잠시 쉬게 되자 부부가 나에게 뜻밖의 제안을 했다.

"혹시 괜찮다면 우리 아이 잠깐 봐줄 수 있어요?"

몇 차례 집에 초대되어 같이 놀다 보니 7살짜리 아들 잭과도 친해져 있었다. 나는 흔쾌히 그러겠다고 했다. 보모 비용? 그런 건 필요 없었다. 나는 아이들과 대화하는 게 얼마나 즐거운 일인지, 또 영어를 공부하는 데도 얼마나 큰 도움이 되는지 잘 알고 있었다. 애들은 질문하는 기계였다.

"이 공룡 이름은 뭐야?"

잭은 여느 아이와 마찬가지로 공룡에 관심이 많았다. 집에는 탱크 장난감도 많았고, 머리 스타일도 특이한 개성 있는 꼬마였다. 그의 호기심은 끝이 없었다. 낮 동안 끊임없는 질문으로 나를 하드 트레이닝시키던 이 꼬마는 오후 늦은 시간이 되자 책 한 권을 들고 왔다. 읽어 달라는 얘기였다. 그런데 공룡은 낯이 익은데 이름이 낯설었다.

"이건 어떻게 읽어야 하는지 모르겠어."

솔직하게 얘기했더니 잭은 두 눈을 동그랗게 떴다.

"왜 몰라요? 삼촌은 어른이니까 알아야죠!"

이 당돌한 질문은 나를 분발케 했다. 집에 돌아와서 공룡의 이름을 공부했다. 그러고는 그다음 날 그 공룡 이름을 알려줬다. 보람도 잠시였다. 또 다른 질문들이 몰아쳤고 또 폭풍 검색과 공부가 시작되었다.

이 미군 부부는 아이를 책임감 있는 사람으로 키우고 싶어 했다. 남편은 한눈에 봐도 영화 코만도에 등장하는 아널드 슈워제네거Arnold Schwarzenegger처럼 근육질의 남자였는데 특수부대 소속이라고 했다. 육체 단련이 그에게는 하루 일과여서 매일 빼먹지 않고 운동을 한다고 들었다. 강아지 공원에서 만났던 그의 아내는 행정반에서 근무하고 있었다.

아들 잭은 주말이 되면 공원으로 나가서 뛰어놀고 싶어 했다. 그 나이의 아이들답게 지쳐 쓰러질 때까지 뛰어놀았는데 하루는 비가 오는데도 불구하고 공원에 가서 놀다가 감기에 걸렸다. 아무리 내가 좋아서하는 일이라지만 그래도 무책임한 돌봄인 것 같아서 미안했다. 그런데웬걸, 이 군인 아빠는 그건 내 책임이 아니라고 했다.

"아니죠, 그게 왜 당신 책임이에요? 애가 선택해서 나간 거니 애 책임이죠. 본인이 선택했으면 책임도 본인이 져야죠. 혹시라도 앞으로 그런일이 생기면 선택에는 책임이 따른다는 걸 알려주면 좋겠어요. 감기는너무 신경 쓰지 마세요."

한 번은 서울 외곽으로 나들이를 다녀오고 싶다고 하기에 그 말을 놓치지 않고 춘천에 함께 갔다. 닭갈비를 시켰는데 그들은 처음부터 12인분을 먹겠다고 했다. 너무 많지 않냐고 했더니 아니라며. 이 식욕 왕성한 가족은 앉은 자리에서 12인분을 다 해치우고, 그것도 모자라 볶음밥까지 싹싹 긁어먹었다. 역시 군인 가족이었다.

뜻밖의 보모 생활은 약 한 달간 이어졌다. 아이가 유치원이 끝날 시간에 데리러 가서 부부가 퇴근할 때까지 있어 주면 되었는데 대개는 더앉아서 놀다가 집에 오곤 했다.

영어 트레이닝이라는 차원에서 외국인과의 교류가 좋은 점은, 영어를 써먹을 기회를 제공해 준다는 점과 함께 내 영어가 어디에서 막히는지 스스로의 한계를 지속적으로 확인할 수 있다는 점이다. 그리고 무엇보다 외국인만 마주하면 얼어붙었던 내가 이렇게 가까이 지내며 울렁증을 극복했다는 게 뿌듯했다. 외국인과의 교류는 나에게 더없이 좋은 학습 환경이었다.

　참고로 나는 이때 아이와 함께 지내면서 한 가지 좋은 스터디 방법을 알게 되었는데, 마치 아이가 질문을 퍼붓듯이 10분 안에 50개 질문을 던지고 그에 대답하는 방법이었다. 이 방법은 나중에 수강생들에게도 적용하여 말하기 테스트 등에서 활용했는데 영어를 습관화시키는 데 큰 도움이 되었다.

진짜 영어 한마디

"비교를 멈출 때 개성이 시작된다."

이름만 대면 누구나 아는 명품 브랜드 샤넬. 그 샤넬의 부흥을 이끈 칼 라거펠트(Karl Lagerfeld)의 명언이다. 나는 이 표현을 부산 아쿠아리움에서 봤다. 다들 갈 길 바빴지만, 영어로 된 이 문장은 내 눈을 사로잡았다.

"Personality begins where comparison ends."

이런 명언은 꼭 기억해두고 써먹자.

전에 다뤘던 아인스따인의 명언을 떠올려보자. 벌써 세 번째 반복이다!

"You know what Einstein said? Insanity is doing the same thing over and over again and expecting different results. So, Please do something different."

응용 그럼, 칼 라거펠트의 명언과 'You know what Einstein said?'을 섞으면 어떻게 될까? "You know what Karl Lagerfeld said? Personality begins where comparison ends. So, stop comparing yourself to others."(칼 라거펠트가 뭐라고 했는지 알아? 비교를 멈출 때 개성이 시작된다. 그러니까 다른 사람들과 너를 그만 비교하라고.)

어디 하나 손댈 데 없는 완벽한 표현이다.

한국 문화를 소개해 주는 즐거움

영어를 공부하다 보면 당신은 애국자가 된다. 아니, 꼭 애국심 함양까지는 아니어도 한국에 대해서 더 잘 알게 된다. 왜냐하면 당신이 한국에서 만나는 모든 외국인이 한국 문화와 역사에 대해 궁금해하기 때문이다. 어쩔 도리가 없다. 집에 가면 자료를 뒤지며 공부하게 된다. 억지로 하는 공부 같지만 내 가슴은 기쁨으로 가득 찬다. 내가 언제 자발적으로 역사와 문화를 공부한 적이 있는가? 내가 언제 스스로 지식을 채워 넣으려고 한 적이 있는가? 그것도 영어를 말하기 위해서 말이다.

가깝게 지내던 어떤 가족을 데리고 서울 투어를 다녀온 뒤로 나는 보다 뛰어난 가이드가 되기 위해 한국 역사에 관심을 갖게 되었다. 내가 공부한 만큼 나는 더 많은 영어 표현을 배울 수 있으며, 그들은 한국 문화를 배우며 나의 영어 트레이닝 파트너가 되어줄 수 있다. 이 얼마나 훌륭한 조합인가?

외국인 동반 투어를 위해 나는 경복궁에 얽힌 역사적 지식을 종이에 적은 뒤 중요한 부분은 하이라이트를 쳐서 갔다. '이곳은 옛날 왕이 머물던 곳이고, 여기는 마지막 왕이 살던 곳이다' 등등 준비해간 학습 자료를 영어로 표현하기 위해 무진장 애를 썼다. 종이를 준비할 때 미리부터 영어로 표현하는 연습을 했지만 막상 현장에서 말하는 것에는 한계가 있었다. 그래도 포기하지 않았다. 말이 안 되면 몸을 쓰면 되지 않은가?

만일 외국인 친구에게 한국 문화를 소개할 기회가 생긴다면 너무 걱정하지 말자. 짧은 영어 말하기라도 그들은 매우 고마워한다. 실제로 가이드 시절 내가 쓴 영어는 초등학생 수준의 아주 간단한 표현들이었다. 그러나 이만한 무료 가이드를 어디서 구하겠는가? 열심히 고궁에 얽힌 역사를 들려주면 그들은 한결같이 이렇게 말했다.

"한국 역사가 매우 스펙터클하네요."

음, 그건 실제로 스펙터클한 점도 분명 있겠지만 재미를 덧붙이려고 노력했던 것도 한몫했을 것 같다.

아무튼 그 가족과 투어를 마치고 저녁을 함께 먹었는데, 그들은 내게 이런 제안을 했다.

"오늘 당신과 같이 다녀서 정말 즐거웠어요. 혹시 제 친구들도 가이드 해 줄 수 있어요?"

생각해 보면 당연한 반응이다. 가이드 없이 한국을 여행한다는 건 그저 여느 도심을 아무 생각 없이 걷는 것과 무엇이 다르겠는가? 특별히 관심을 갖고 공부한 사람이 아니라면 그들에게 경복궁은 그저 동양미가 넘치는 건축물에 불과하다. 하지만 여기에 세월의 뒤안길로 사라져 간 사람들의 이야기를 들려주면 그들은 한국을 깊이 체험했다며 기뻐한다.

친구 가이드 요청에 대한 나의 대답은 '물론'이었다. 내게는 더없이 좋은 기회였다. 일정을 잡고 이번에는 세 팀을 한꺼번에 데리고 가이드를 해주었다.

나는 이 두 번의 가이드 트레이닝을 통해 이게 좋은 수업이 될 것 같다는 생각을 품게 되었다. 생각의 씨앗을 품었으면? 싹을 틔워야 한다.

그래서 종로와 이태원에 산재한 백팩커 하우스를 찾아다니면서 게시판에 '무료 투어 기회를 잡으세요'라는 전단지를 붙여 두었다. 며칠까지도 아니다. 바로 몇 시간 뒤 연락이 올 때도 있었다. 그리고 이상한 입소문이 퍼졌다. "공짜로 가이드를 해주는 한국 사람이 있는데 재밌고 유익하대."

경복궁 투어가 시들해졌을 무렵에는 창경궁 야경 투어도 마련했다. 삼청동 카페 거리를 가고 싶어 하는 사람들도 있었고, 가끔은 대학교를 구경하고 싶다는 사람들도 있었다. 그래서 갓을 쓰고 있는 유학자를 찾아 성균관대를 다녀온 적도 있었고 캠퍼스가 예쁘기로 소문이 자자한 경희대를 방문한 적도 있었다.

나는 서울 투어의 마지막 코스를 음식점으로 잡았다. 일명 '한국인이 아니면 잘 모르는 맛집 투어'였다.

그러나 음식은 주의를 요한다. 한 번은 낙원상가의 유명한 청국장 집에 데리고 갔는데 예의상이라도 "먹을 만하다"고 말해줄 만한데 그런 사람이 단 한 명도 없었다. 심지어 한 친구는 "나 오래 못 살 것 같아"라고 자기 목을 움켜쥐었다. 청국장 냄새는 그들이 감내할 수 있는 수준이 아니었다.

또 한 번은 한국인들이 즐겨 찾는 추어탕 집에 데리고 갔다. 나름 탕까지는 잘 먹었는데 문제는 현관 쪽에 있던 수족관에서 벌어졌다. 한 친구가 이게 뭐냐고 의심스러운 눈초리로 내게 물었다. 나는 미꾸라지로 추어탕을 끓인다는 말을 하지 않았었다. 그리고 그들은 미꾸라지를 처음 보았다.

"우리가 먹은 음식 뭐로 만든 거죠?"

내가 부정하지 않자 한 친구가 자기 입을 틀어막았다.

"이 스몰 스네이크(작은 뱀)를 내가 먹었다고요? 욱!"

반면 삼계탕은 즐겨 먹었다. 치킨 수프는 그들도 즐겨 먹는 음식인 데다 삼계탕에 들어간 인삼에 대해서 좋은 인식을 갖고 있었다. 딸려 나온 모주나 인삼주도 맛있다고 난리였다.

음식값에 대해서는 대체로 저렴하다고 생각하는 편이다. 미국에서는 팁을 포함하면 약 2만 원 수준에서 한 끼 식사 비용을 치르는데 한국에 서는 만 원이면 충분하니 말이다. 무엇보다 그들이 감탄하는 음식이 있 다. 바로 한정식이다. 가격은 1만 5천 원 수준인데 상다리 부러져라 한 상 가득 차려져 나오면 입이 쩍 벌어진다. 그러니 한식당은 강추다.

외국인과 한국을 함께 체험하는 과정을 너무 어렵게 생각하지 말자. 그저 부산에서 올라온 어릴 적 친구를 서울 유람시켜준다는 기분이면 충분하다. 실수? 괜찮다. 그들은 실수에서조차 당신의 노력을 읽어낸 다. 짧은 영어? 괜찮다. 그들은 한국 문화에 관해 논문을 쓰러 온 게 아 니다. 초등학생 수준의 어휘력으로도 그들이 즐거워할 만한 이야기를 전달할 수 있다. 그러나 이런 어려움을 극복하고 영어로 우리 문화를 소개하고 나면 당신은 놀라운 결과물을 얻게 된다. 내가 영어로 소통을 할 수 있다니! 내가 외국인들과 어울릴 수 있다니! 내가 한국 역사에 대 해서 이렇게 모르고 있었다니! 이 놀라운 기분을 나 혼자 알고 있는 게 왜 이렇게 안타까운지!

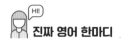

낡은 물건을 못 버리는 병이 있다. 예전에 한 번 버렸더니 꼭 다시 필요해지더라. 그래서 못 버리는 병이 생겼다. 누가 낡은 물건을 좀 버리려고 하면 나는 이렇게 대답한다.

"Don't throw that away. It might come in handy some day.(버리지 마. 언젠가 쓸모 있을지 몰라.)"

'to come in handy'는 'to be useful'과 같은 뜻이다.

응용 베트남 여행에서 아주 유용하게 써먹은 물건이 있다. 바로 소형 선풍기. 때는 7월 중순. 덥고 습하다. 그 선풍기 없었으면 어떻게 지냈을지 생각만으로도 끔찍하다. 나는 동남아 여행을 계획하고 있는 친구에게 이렇게 말했다.

"It really came in handy when I visited Vietnam. You should buy one of those. (베트남 갔을 때 이거 너무 유용했어. 너도 이런 거 꼭 하나 사라.)"

이렇게 과거형으로도 얼마든지 응용할 수 있다.

작은 성취의 즐거움

요즘 잘나가는 자기계발서들을 보면 공통적으로 한 가지 키워드가 눈에 띈다. '작은 성취'다. 꾸준한 실행을 위해서 작게 도전하고 작게 성공하는 것이 중요하다는 내용이다. 사회에서 만나 형 동생으로 지내는 초인용쌤 유근용 저자도 『1일1행의 기적』이라는 책에서 이렇게 말했다.

"나는 고민과 시행착오 끝에 감당하기 어려운 인생일수록 '하루'에 집중해야 한다고 생각했다. 무거운 돌을 단번에 들어 올리려 하다가는 크게 다칠 수 있다. 인생 또한 마찬가지다. 모든 걸 한꺼번에 해치우고 바꾸겠다는 한탕주의식 사고는 도리어 좌절감만 줄 뿐이다. 그래서 하루 아침에 인생을 바꾸겠다는 욕심을 내려놓고, 내가 제어할 수 있는 시간의 단위인 '하루'에 집중하기로 마음을 먹었다."

유근용 저자는 그 책에서 '스몰 스텝small step'이라는 표현도 썼는데, 나는 영어를 배울 때 역시 이 의미가 얼마나 중요한지 잘 알고 있다.

한창 영어를 배울 때 나에게는 도전적 목표가 없었다. 일상적인 노력으로는 감히 넘보기 힘들 만큼 큰 목표를 세웠다면 그 산의 높이에 지레 겁을 먹고 중도에 포기했을지 모른다.

대신 나는 매일 작은 목표들을 세웠다. 외국인 만나기도 마찬가지였다. 처음부터 그 집에 초대받아서 가보자는 생각으로 만난 적은 한 번도 없었다. 어제 배운 표현을 오늘 써먹어 보자는 게 유일한 나의 하루 목표였다. 그렇게 오늘 할 일을 생각하고 있으면 자연스럽게 기회를 만나게 된다. 예컨대 인사동에서 길을 헤매고 있는 외국인을 만나면 그냥 지나치지 않는다. 배운 표현을 써서 대화를 시도해 보고 길을 알려준다! 그 자체로 나는 너무 만족스럽다. 다른 건 필요 없다. 한 번은 친구와 함께 길을 가다가 외국인을 만난 적이 있다. 영어 어항에 푹 빠져 살던 나는 미션을 수행하기 위해 외국인에게 다가가 "도와드릴까요?"라고 물었고, 길을 안내해 주었다. 미션은 성공이었다.

"나 대단하지 않냐?"

내가 막 뿌듯해하니까 친구 녀석이 말한다.

"너는 자기만족이 탁월하구나."

그때는 나를 칭찬하는 말인 줄 알았는데 나중에 알고 보니 비꼬는 말이었다고 한다. 어쨌든 그만큼 나는 작은 일에 큰 만족을 느끼고 있었고, 그래서 그 과정이 매우 즐거웠다.

종로 YBM어학원에서 강의를 할 때도 나는 수강생들에게 '작은 미션'을 부여했다. 물론 대개의 수강생들은 '작은 미션'조차도 두려워한다. 외국인에게 말을 건다는 게 그만큼 힘들게 느껴지기 때문이다. 대학생이던 한 친구도 그랬다.

"제가 할 수 있을까요?"

"당연하지. 내가 했는데 네가 왜 못해?"

나는 그 친구를 강하게 밀어붙였다.

그 친구는 어학연수를 가기 위해 기초적인 회화 공부를 마치려고 내 강의를 수강했다. 처음 계획은 5개월 수강이었는데 나중에는 7개월까지 강의를 들었다. 왜냐고? 작은 미션을 통해 외국인들을 만나는 데 익숙해지다 보니 굳이 어학연수를 갈 필요가 없다고 느꼈기 때문이다. 처음 외국인을 만나는 데 두려움을 느끼던 그 친구는 얼마 뒤부터 주말만 되면 외국인 친구들을 데리고 서울 투어를 다니는 데 푹 빠졌다. 그러던 어느 날은 이태원 펍으로 알바 자리를 구했다고 했다. 펍 사장은 이 친구의 영어 실력을 보고 바로 채용했던 것이다.

"학교 졸업할 때까지 여기서 일할 생각이에요."

그 학생은 돈도 벌고 영어도 쓰는 일석이조의 환경 속으로 즐겁게 안착했다.

처음이 어렵다는 걸 잘 안다. 그러나 그 처음의 어려움을 극복한 사람에게는 달콤한 열매가 기다린다. 써먹는 영어의 즐거움에 눈을 뜬 사람은 다시는 그 중독의 길에서 벗어날 수 없게 된다.

이 즐거움을 누리기 위한 두 가지 팁이 있다.

❶ 일상에서 접하는 모든 걸 영어 표현으로 바꾸기

그러기 위해서는 관찰이 필수다. 예컨대 카페에 들어가면 우리 눈에 수많은 정보가 들어온다. 요즘은 카페에서 공부하는 사람들이 많은데 그들이 띄워놓은 노트북 화면이나 태블릿 화면을 슬쩍 본다. 아동심리학을 공부하는 사람도 눈에 띄고 역사 인강을 듣는 사람도 보인다. 혹은 외국인이 있는지 살핀다. 도움이 필요한 사람이라면 다가가 보고 아니면 말고다. 그리고 뭔가 하나씩 눈에 띌 때마다 영어 표현으로 바꿔 본다. 아동심리학은 영어로 뭔지, 역사는 영어로 뭔지 생각해 보고 모르면 찾아본다. 딱딱한 걸상도 있지만 안락한 의자도 눈에 띈다. 이 안락한 의자는 그냥 '체어chair'보다는 '암 체어arm chair'라고 한다. 소화기가 눈에 띄는가? '파이어 익스팅귀셔fire extinguisher'라는 단어가 떠오르는가? 잘했다. 그러나 현지에서는 '파이어fire'를 생략하고 그냥 '익스팅귀셔extinguisher'라고 말하기도 한다. 그런 표현을 배웠다면 일상에서 만나는 사물이나 사건을 영어로 표현하고 떠올려 보는 의식적 습관을 들인다.

앞에서 길을 가던 누군가가 지갑을 떨어뜨렸다. 그런데 다음과 같이 한국어 대신 영어가 튀어나온다면?

"Hey, excuse me, you just dropped your wallet.(저기요. 실례지만, 지갑 떨어뜨리셨어요.)"

그게 바로 일상 영어 습관, 즉 영어 어항에 푹 빠져 살고 있다는 증거가 된다. 그렇게 영어가 한국어보다 먼저 튀어나올 때 가슴이 뿌듯해지며 영어가 즐거워진다.

❷ 작은 미션을 만들어서 실행해 보기

여기가 한국이어도 상관없다. 종업원이 한국인이어도 상관없다. 미친 척 영어로 커피를 주문해 본다. 이건 누가 얼마나 철면피를 깔고 있느냐의 문제일 수 있는데 만일 한국인 종업원이 능숙하게 영어로 응대하면 자연스럽게 다음 대화를 이어가면 된다. 혹은 주문대 앞에 서 있는 외국인을 도와서 주문을 해 본다. 맥주를 좋아한다면 이태원의 스포츠 펍에 가서 맥주 한 잔 시켜놓고 같이 미식축구를 즐기자. 경기를 관람하는 외국인들 사이에 앉아서 경기에 대해서 질문을 던져 보자. 사람에 따라 낯선 한국인의 질문을 귀찮게 여길 수도 있다. 그러나 내 경험에 따르면 열에 여덟은 정성스럽게 대답해 준다.

"쟤가 러닝백인데 저 라인에 터치하면 점수가 나는 경기야."

일상적으로 영어를 떠올리는 것과 매일 다른 미션을 작게 부여하는 방식으로 하루를 만들어가는 것, 이 두 가지 방법은 당신이 어디에 있든지 영어 트레이닝을 가능케 하는 확실한 방법이다.

…내 강의는 온몸으로 듣고 따라 하면서 영어를 몸으로 익히는 데 초점이 맞춰져 있을 뿐 아니라 늘 변하는 새로운 표현에 대해서 신속히 업데이트하는 게 특징이다. 이 때문에 2년이 넘도록 강의를 들으러 오던 분이 있었다. 이미 프리토킹이 되는 분인데도 새로운 표현을 배우고

싶다는 열망 때문에 매달 수강을 연장했다. 예컨대 최근에 미국인들은 '최고였어'라는 말을 이렇게 표현한다.

"That was lit."

영어 사전에도 나오지 않는 이 표현은 '완전 최고였어' 정도의 의미를 갖고 있는, 소위 인싸 용어다. 우리가 '대박'이나 '쩐다'라는 표현으로 뭔가 근사한 것을 표현하듯이 미국인들도 늘 새로운 표현을 만들어낸다.

내 장기수강생들이 이해되지 않을 수도 있다. 그러나 나는 왜 그들이 자꾸만 재수강을 하는지 이유를 안다. 그들은 영어가 진짜 즐거운 것이다. 그 즐거움을 당신도 누리기를 바란다.

진짜 영어 한마디

"우리 사무실에 한번 놀러 오세요"를 영어로 말하고 싶다. '놀러 오세요'니까 간단히 'come'이나 'visit'이라는 단어를 넣으면 될 것 같다. 하지만 영어권에서는 'stop by 장소'나 'drop by 장소'를 쓴다. 좀 긴 문장을 말해 보자.

"이 근처에 미팅이 있어서 왔다가 잠깐 수다 떨려고 들렸어."

→ I came around here for business meeting, and thought I'd drop by for a chat.

이 정도면 완벽하다.

상황 아래의 대화를 통해 상황을 이해하고 완벽히 내 것으로 만들어 보자.

A : Hey, Jenny? what a surprise! What brings you here? (제니? 이게 웬일이야! 여기 어쩐 일이야?)

B : I came around here for business meeting, and

thought that I'd drop by and say hello.(이 근처에 미팅 있어서 왔다가 인사나 드리고 가려고 들렀어요.)

A : Thank you for dropping by. It's been a long time, right?(들러줘서 고마워. 진짜 오랜만이다, 그렇지?)

나의 미시시피 이야기

미국 남부 미시시피에서 만난 친구들은 내게 영어 그 이상의 세계를 보여주었다.

대학 졸업 후 나는 한국에서 요리사로 취직했다. 영어도 어느 정도 레벨에 도달했고, 원하던 미국 생활도 짧지만 맛보았다. 그러나 채워지지 않는 갈증이 있었다. 혹은 강렬한 끌림이 있었던 것 같다.

미국 남부 미시시피에 있는 호텔 요리사로 일하게 되었을 때 친구들은 왜 하필 미시시피냐고 물었다. 뉴욕이나 LA처럼 미국을 대표하는 대도시도 많은데 굳이 낯선 남부 땅이냐는 얘기다. 외국의 한적한 시골 마을을 택한 이유는 딱 한 가지였다.

"영어를 제대로 공부하려면 한국인이 없는 외지가 좋을 거야."

오직 그 이유 하나로 마음을 굳혔다. 인천에서 출발한 나는 경유지인 휴스턴에서 내려 새로운 비행기로 갈아탔다. 한눈에도 '이게 날까?' 싶은 경비행기였다. 약 1시간 반 비행하는 동안 잦은 기류 변화에 기체는 요동을 쳤다.

"Hey.(저기요.)"

옆에 앉은 사람이 말을 걸어왔다.

"What brings you here?(이 동네는 무슨 일로 오셨나요?)"

동양인은커녕 미국인들조차 발길이 뜸한 동네 사람으로서는 당연한 궁금증이었는지 모른다. 요리사로 일하러 왔다니까 그가 손가락으로 창밖을 가리켰다.

"저기 보이는 곳이 시내예요. 저도 거기에 살죠."

산과 들에 둘러싸인 작은 마을이 조그마한 창문 밖으로 코딱지만 하게 보였다.

내가 취업한 곳은 이 동네의 유일한 관광지인 호텔이었다. 호텔 손님은 외지인들이었고, 호텔에서 일하는 요리사나 종업원들은 동네 주민들이었다. 그런 곳에 한국인이 왔다는 게 그들에게는 신선한 충격이었던 모양이다. 허름한 시외버스터미널 같은 공항에 내리니까 누가 내 이름표를 들고 서 있었다. 호텔 직원이었다.

대도시를 꺼린 이유 가운데 하나는 한국인에 대한 편견 때문이었다. 반면 한국인을 만나보기 힘든 이런 깡촌은 도리어 거부감이 없었다. 나는 어딜 가나 튀었고, 그들은 처음 보는 한국인에게 신기하다는 듯한 눈빛과 질문 세례를 쏟았다. 그리고 한국에서 그랬듯이 나는 그들의 영어 질문이 너무 좋았다. 그동안 배웠던 표현들을 원 없이 써먹을 수 있는 기회였으니까. 며칠간은 마치 꿈결 같았다. 영어로 소통하고 있는 나 자신이 자랑스러웠다.

물론 하고 싶은 모든 말을 다 표현하지 못해서 답답한 순간도 있었다. 그러나 그들은 내게 "너 왜 영어 못해?"라고 깔보지 않았고, 도리어 이 정도 영어 실력에도 "너 영어 너무 잘한다"라고 칭찬해 주기 바빴다. 생각해 보면 수긍이 가는 반응이었다. 우리나라 시골에 금발의 외국인이 와서 "안녕하세요? 저는 제임스예요. 잘 부탁드려요. 저는 저 건너편 호텔에서 요리사로 일하고 있어요"라고 말하면 어르신들이 어떻게 반응할까? 무척 신기해하며 "외국 총각이 한국말 참 잘하네~"라고 하지 않을까?

하루는 친구가 된 요리사와 대화를 나누다가 속마음을 털어놓았다.

"나는 영어를 이 정도밖에 못 해서 부끄러워."

그러자 그 친구가 이렇게 대답했다.

"나는 할 줄 아는 게 영어밖에 없어. 스페인어도 못하고, 프랑스어도 못해. 너네 나라 말도 못하잖아. 넌 대단한 거야. 자부심을 가져."

그 말을 듣고 나는 최면에 걸린 듯 그의 말을 따라 했다.

"그래, 나는 자부심을 가져야 해."

혹시나 해외에 어학연수를 가고 싶다거나 영어 습득을 목적으로 1년 이상 해외 체류를 생각한다면 외국인 자체가 드문 곳을 추천한다. 도시가 아니라서 생활은 다소 불편할 수 있다. 그러나 언어를 배우는 데 있어서 이만한 환경은 또 없는 것 같다. 그들은 영어가 서툰 나를 절대 무시하지 않았을 뿐 아니라 도리어 대단하게 여겨주고 듬뿍 칭찬해 주었다. 덕분에 영어를 쓰면 쓸수록 나는 더더욱 자신감이 넘쳤다. 참, 한 가지 약점은 있다. 너무 시골이라 사투리를 배우게 된다는 사실이다.

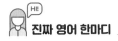
"What a small world! I ran into my ex on the way to work."

무슨 뜻일까? 뒤 문장부터 배워보자. 우선 직역으로는 짐작조차 못 하는 'ran into' 되시겠다. 'run into A'는 'A를 우연히 마주치다'라는 표현이다. 'bump into A'로도 바꿔 쓸 수 있다. 'ex'는 'ex-girl friend(전 여자친구)'를 줄인 말이고, 'on the way to work'는 '출근길에'라는 표현이다.

응용 'on the way to school(학교 가는 길에)'과 'on the way home(집에 가는 길에)'이라고 바꿔 쓸 수도 있다. 매우 자주 쓰이는 표현이다. 그럼 여기까지 해석하면 '출근길에 전 여친 만났어'이다. 첫 문장은 조금 쉽다. 'What a small world, Isn't it?'라고 하면 '세상 참 좁지, 그렇지?'라는 표현으로, 소식이 끊겼던 옛 친구를 우연히 만났을 때 쓰면 좋은 표현이다.

삐꼬가 뭐야?

본업은 요리사였지만 본심은 영어 공부에 있었던 나는 철저히 현장 트레이닝을 하기로 계획을 세웠다. 사실 미드나 뉴스 등을 보면서 나름 귀를 뚫었다고 생각했는데 미국 남부 사투리는 전혀 달랐다. 억양이 센 그들의 사투리는 알아듣기 힘들었다. 그런데 나는 답을 알고 있었다. 녹음하고 반복해서 따라 하고, 그래도 모르면 물어볼 것!

요리를 하다가도 여유가 생기면 아까 했던 말이 무엇인지 다시 물었다. 가끔은 녹음한 것을 틀어주면서 이게 무슨 말인지 물어보기도 했다. 그들도 이 상황이 웃겼던 모양이었다. 녹음 파일에서 흘러나오는 자기 목소리를 듣다가 웃음이 터지기도 했다. 그러나 그 말이 무슨 뜻인지 친절히 알려주는 걸 잊지 않았다. 다만 중간중간 섞여 있는 욕은 꺼림칙했던 것 같다.

"네가 알면 좀 그럴 텐데."

이 동네에 사는 사람들 중 동양인들은 아주 소수였다. 베트남인들이 모여 사는 동네가 있었는데 그래서 다들 나를 베트남인으로 착각했다. 그러면 꼭 뜻밖의 지도 찾기가 시작된다.

"나 한국 사람이야."

"한국이 어디 있는데?"

"중국과 일본 사이에."

"그럼, 중국이야 일본이야?"

"아니, 그 사이에 있는 나라라고."

그나마 조금 한국에 대해서 들어본 적이 있는 사람들은 나를 북한 사람으로 착각했다. 어느 날 CNN 뉴스를 보면서 밥을 먹고 있는데 북한이 방송에 나왔다. 당시는 북한이 툭하면 미사일을 날리던 때였으니까 '또 쐈나 보네' 하고 생각하고 있었다. 그런데 옆에서 밥을 먹고 있던 친구가 걱정스러운 눈빛으로 말했다.

"어떡하냐? 전쟁 나면 너 돌아가야 하는 거 아니야?"

"아니야. 전쟁 안 나."

그들은 한국에 대해서 무수한 질문을 쏟아냈고, 나는 그때마다 똑같은 과정을 거쳐 한국을 소개했다. 그렇게 많은 말을 주고받다 보니 자연스럽게 친분이 쌓였다.

역시나 미국 친구들은 뉴욕이든 미시시피든 가리지 않고 파티를 즐겼다. 그들은 나를 파티에 초대했고, 때로는 나도 그들을 나의 숙소로 초대했다. 초대를 받으면 나는 불고기 같은 한국 음식을 준비해서 찾아갔다. 한 가지 곤란했던 게 우리나라 간장을 구하기 힘들었다는 점이었다. 호텔에 있는 간장은 일본간장이라서 맛을 제대로 낼 수 없었다. 어쩔 수 없이 차를 타고 두 시간 달려서 간장을 구해 오곤 했다. 다행스럽게도 불고기는 그들의 취향을 저격했다.

나에게 남부 사투리를 이식해 준 친구가 있었다. 그의 별명은 빅 베이비big baby였는데 전신에 문신을 새긴, 190센티미터의 한 덩치하는 친구였다. 나보다 나이가 많았고, 아내와 세 명의 아이가 있었다. 그런데 그 큰 덩치와 문신에 어울리지 않게 너무 착한 친구였다. 내가 만난 그곳에서 만난 친구들이 대개 그랬지만 빅 베이비는 그중에서도 가장 순수하고 자유로웠다. 계산 없이 다가와 주는 그로 인해 나의 외국인 울렁증은 사라졌고, 보다 쉽게 그들과 호흡할 수 있었다.

그러나 문제는 발음이었다.

하루는 그가 내게 두 음절의 마법 같은 단어를 말했다.

빅 베이비 : 고 겟 미 썸 삐꼬.(가서 삐꼬 좀 갖고 와.)

나 : 삐꼬?

빅 베이비 : 예, 삐꼬!

나 : 왓 이즈 삐꼬?(삐꼬가 뭐야?)

빅 베이비 : 유 돈 노우 삐꼬?(삐꼬가 뭔지 몰라?)

나 : 네버 허딧 비포.(처음 듣는 거야.)

우리는 서로를 바라본 채 "삐꼬"라는 말을 계속 주고받았다. 대체 삐꼬가 뭘까? 내가 어리둥절한 표정을 짓자 그가 창고로 오라 했다. 따라갔더니 캔 하나를 들면서 "이게 삐꼬야" 하고 가르쳐주었다. 아, 피클!

내 귀에는 그들의 'L' 사운드가 들리지 않았다. 입안에서는 분명 발음되었겠지만 내 귀에는 들리지 않았다. 남부 사투리를 의도치 않게 마스터한 뒤 나중에 뉴욕에 갔을 때 나는 뉴요커들이 그보다는 약한 억양이지만 유사하게 발음한다는 사실을 알게 되었다. 미국인에게는 피클이 없다. 그들에게는 삐꼬가 있을 뿐이다.

삐꼬는 빙산의 일각이었다. 하루는 한 친구가 이런 말을 내게 던졌다.

"왓치 유어 백, 핫 뺀!"

미국에서의 내 이름은 벤이었다. 나는 처음에 그가 내 이름을 그렇게 부르는 줄 알았다.

"뒤를 조심해, 섹시한 벤!"

'hot'을 넣어 말하면 '섹시한 벤'이란 의미가 된다. 나는 기분 좋게도 그가 나를 '멋진 벤'으로 불러준다고 생각했다. 그러나 이 말의 정확한 뜻은 그게 아니었다.

"Watch your back, hot pan.(프라이팬이 뜨거우니까, 조심해.)"

왜 '팬'이 '뺀'이 되는 걸까? 물론 단순히 '팬'이 '뺀'으로 들려 못 들은 건 아니었다. 그들이 쓰는 말은 내가 들을 수 있는 음역이 아니었다.

빅 베이비보다는 발음이 나은 친구 존도 있었지만 그래도 내게는 뛰어넘기 힘든 산이었다.

삐꼬가 피클이고, 핫 빼이 뜨거운 프라이팬이라는 사실을 알게 된 나는 충격을 받았다. 아, 너무 강력한 상대들이다. 그러나 생각을 고쳐먹었다. '애들만 넘으면 웬만한 말은 다 알아듣겠다.'

그때부터 다시 귀 뚫기 트레이닝이 시작되었다.

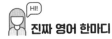

진짜 영어 한마디

학창 시절에 나는 게을렀던 탓에 숙제를 늘 못 해갔다. 그때마다 선생님들이 내게 하시던 말씀이 있다. "오늘 할 일을 내일로 미루지 마라." 이 좋은 표현을 영어로 하면 어떻게 될까?

"Never put off until tomorrow what you can do today."

이를 쪼개보면 'Never put off'는 '절대로 미루지 마라'이고 'until tomorrow'는 '내일까지', 'what you can do today'는 '오늘 할 수 있는 것'이다. 연결해보면 '오늘 할 수 있는 것을 내일까지 절대로 미루지 마라'가 된다. 다시 말해 '오늘 할 일을 내일로 미루지 마라'가 된다. 여기서 'put off'가 조금 어려울 수도 있겠다. 'put'은 '놓다'의 개념이 있고 'off'는 떨어진다는 개념을 내포하고 있다. 두 단어가 만나면 '미루다, 제쳐두다'라는 뜻이 된다.

응용 그럼 '나는 때때로 설거지를 미뤄요'를 영어로는 어떻게 말할까?

"I sometimes put off doing the dishes."

생존 영어 일주일

일단 급한 건 업무였다. 요리라는 게 손발이 맞지 않으면 일을 할 수 없는 것이다. 친구들의 말을 연구하기 시작했다. 한가할 때면 물어봤고, 답답하면 친구들이 먼저 알려주었고, 녹음해서 다시 들었고…. 그렇게 일주일이 지나자 듣는 게 크게 어렵지 않았다. 하는 일이 거의 정해져 있어서 다른 말을 할 필요도 없었다.

"1분 뒤에 나간다."

"지금 뭐 만들어? 이거 좀 만들어."

나는 삐꼬가 뭔지도 알게 되었고, 재료 좀 갖다 달라고 할 때 쓰는 말도 익혔다.

일단 귀가 뜨이니 손발도 척척 맞았다. 그런데 문제는 말하기였다.

처음에는 대답을 하지 않았다. 대답을 해도 절대 'yes'는 입에 올리지 않았다.

"이거 되냐?"

"아니."

"저거는 되냐?"

"아니."

하고 싶은 말은 "나 지금 바빠. 한가하면 도와줄게"인데 어떻게 말해야 할지 몰라서 일단은 "no"만 외쳤다. 내게 주어진 최소한의 임무만이라도 실수 없이 달성하려면 그 수밖에 없었다. 혹시라도 감당하기 어려운 일을 덥석 물게 되면 큰일일 테였다.

그러나 일이 익숙해진 뒤에는 어떤 식으로든 의사 표시를 해야 했다. 나를 돕는 보조에게 일을 시켜야 했고, 뭔가 요구할 것도 생기기 시작했다.

친구 존은 말 한마디 없는 나를 탐탁지 않게 여겼다.

"아니, 내가 애랑 같이 일해야 해? 말 한마디 안 하는 벙어리인데."

그 순간에도 나는 존의 말을 녹음하고 있었다. 집에 돌아오면 녹음 파일을 재생하며 존의 표현을 익히려고 노력했다. 전날 내가 배웠던 영어 표현이 아니라 그 친구들이 쓰고 있는 영어를 내 입에 붙게 하고 싶었다.

예를 들면 'Go get me some pickle(가서 피클 좀 갖다 줘)'라는 말을 트레이닝했다면 다음날 나는 이렇게 바꾸어서 표현했다.

"Go get me some onion.(가서 양파 좀 갖다 줘.)"

내가 주로 만드는 음식에는 양파가 들어갔으니 피클을 어니언으로 바꾸면 됐다. 누군가가 '삐꼬' 자리에 낯선 말을 넣어 말하면 그게 뭔지 그때그때 확인했다.

"고 겟 미 썸 터베스꼬."

터베스꼬는 또 뭘까? 내가 고개를 갸웃거리자 빅 베이비가 내게 외쳤다.

"핫 소스, 핫 소스."

주방에는 다양한 종류의 핫 소스가 있었다. 나는 재료실에 가서 수박만 한 소스 깡통들을 한 아름 들고 와서 물었다.

"이 중에서 어떤 소스야?"

그러면 그가 하나를 가리켰다.

"이게 터베스꼬야."

그렇다, 그건 '타바스코Tabasco'였다. 이제는 나도 맞는지 재차 확인했다.

"터베스꼬, 이즈 댓 코렉트?(터베스꼬 맞아?)"

"익젝~클리!(정확해!)"

그러면 나도 나중에는 이렇게 터베스꼬를 갖다 달라고 부탁했다.

"Go get me some Tabasco" 혹은 "I want you to get me some Tabasco"라고 표현했는데, 그러면 그는 내가 원하는 터베스꼬를 갖다 주었다.

그렇게 '찹 디 어니언(양파 다져줘)'을 배웠고, '애드 모어 쏠트 인 잇(여기에 소금 좀 더 넣어줘)'도 배웠다.

사실 영어 트레이닝을 하기에는 그다지 좋은 환경은 아니었다. 환풍기 소리도 유난히 큰 주방이었고, 바쁠 때는 일손이 부족할 만큼 정신이 없었다. 그러나 별수 있었겠는가? 일을 하려면 듣고 말해야 했다. 안 들리면 '슈어(물론이지)'라는 답변을 들을 때까지 되묻고, 확인하고, 말하기를 그치지 않았다. 대개는 일하는 동안 그 과정을 몇 차례 하다 보면 귀가 뚫리고 입에 붙었다. 그 덕분에 입사한 지 열흘도 되지 않아 업무에 필요한 생존 영어는 듣고 말할 수 있게 되었다.

진짜 영어 한마디

핸드폰을 손에 들고서 핸드폰을 찾으려고 애먼 곳을 뒤진 적이 있는가? 그럴 때 딱 알맞은 표현이 있다.

"Be right under one's nose.(바로 눈앞에 있다.)"

한글과 영어 문장에서 한 가지 차이점이 보이는가? 우리는 '눈앞'에 있다고 말하는 반면 영어권 사람들은 '코 아래'에 있다고 말한다. '훤히 보이는 자리에' 혹은 '바로 눈앞에'라는 말을 하고 싶다면 이미지를 그린 다음 연습하고 또 연습하여 꼭 써먹자. 그 순간이 곧 온다. 믿어라!

상황

A : Where is my wallet? I think I lost it.(내 지갑 어디 있지? 아무래도 잃어버린 거
　　같아.)

B : Are you kidding? It's right under your nose.(장난해? 바로 네 눈앞에 있잖아.)

이런 뉘앙스다. 대화문도 어렵지 않으니 통으로 외워두고 써먹으면 좋다.

Hang out with you!

미시시피로 떠나면서 다짐했던 게 하나 있었다. 보고 듣는 모든 걸
따라 하고 내 것으로 만들겠다는 다짐이었다. 이미 롤 플레이나 모사
하기 등을 통해서 영어 트레이닝 방법을 익힌 것도 한 가지 이유였지만
그보다 더 중요한 이유가 있었다. 나는 미국 현지 영어를 그대로 흡수
하고픈 욕구가 있었다. 그래서 그들의 생활상을 그대로 따라 하자고 마
음먹었다.

그러나 음식은 넘사벽이었다. 현지인들처럼 파스타와 햄버거로 끼니
를 때우는 데에는 한계가 있었다. 하루는 도저히 목구멍으로 햄버거가
넘어가지 않아서 계획을 수정했다. 어쩔 수 없이 한국 음식을 요리해서
먹었는데, 절친 빅 베이비와 존은 조금씩 한국 음식에 중독되어 갔다.
자주 먹다 보니 맛이 들린 것이었다.

이 두 친구는 내게 친절했다. 그들은 나와 같이 있는 시간이 즐겁다
고 했다. 보통은 비번일 때나 퇴근 후 혹은 호텔 레스토랑이 쉬는 날에

우리 집에 놀러 왔다. 그들은 차가 없는 나를 대형마트에 차로 데려다주기도 했다. 우리는 하루 8시간 이상 붙어 다녔다. 그들이 가는 곳에 나도 갔고, 그들이 보는 것을 나도 보았다. 길도 모르고 차도 없으니 별수 없는 선택이었지만, 그 덕분에 자연스럽게 그들의 말투에 익숙해져 갔다. 영어를 배워야겠다는 의지 때문이라기보다 그들이 하는 말을 알아들어야 한다는 단순한 생각 때문이었다.

쉬는 날에도 그들과 어울렸다. 영어를 배우고 싶은 마음 때문이었다. 퇴근 후 혼자 집에 앉아 있다 보면 뭔가 허무했다. 돈을 벌려고 온 것도 아니었다. 혼자 TV를 틀어놓고 보는 건 이미 한국에서 했던 짓이 아닌가.

빅 베이비에게 전화를 걸었다.

"헤이, 빅 베이비. 나야 벤."

"오, 벤. 뭐 하고 있어?"

"글쎄, 별로 하는 일 없이 보내고 있어."

"그래? 그럼 이따 오후에 호수에 놀러 가는데, 너도 올래?"

나중에 알고 보니 예의상 물었던 말이었는데 내가 그런 미세한 뉘앙스 차이를 어떻게 알았겠는가. 오후가 되자 빅 베이비가 차를 몰고 나를 태우러 왔다. 차는 한 시간을 달려 호수에 도착했다. 호수에는 동네 친구들이 모여 있었다. 그들은 야외 활동을 즐겼다. 호수는 맑았고, 수영하기 딱 좋은 날이었다. 시골 출신인 내가 개울 수영을 선보이자 그들은 깜짝 놀라는 표정이었다.

"너 수영 잘하네!"

우리는 수영하다 올라와서 고기를 구워 먹었고, 술 한 잔 걸치다 다시 호수에 몸을 담갔다. 쉬다 놀다 떠들다 보니 나도 슬슬 말이 나오기 시작했다. 존이 신기한 듯 나를 쳐다보았다.

"나는 네가 벙어리인 줄 알았어. 뭐라고 하면 웃기만 하고 있으니까 바보라고 생각했지. 근데 아니네."

실은 말할 타이밍을 놓쳤던 게 가장 큰 이유였다. 그들은 강물이 흘러가듯 쉼 없이 대화를 주고받았는데, 나는 시냇물에 신발 빠뜨린 아이처럼 강변에 서서 어쩔 줄 몰라 하고 있었다. 더구나 내가 하려는 이 말이 올바른 표현인지 의구심이 들 때가 한두 번이 아니었다.

빅 베이비가 친형처럼 나를 챙겨주었다면 존은 솔직한 태도로 나에게 좋은 자극을 주는 사람이었다. 그날 나는 '벙어린 줄 알았다'는 그의 가감 없는 말을 듣고 충격을 받았다. 다시 미드를 틀어놓고 공부를 시작했다. 그리고 바닥이던 자신감을 영혼까지 끌어모아 무엇이든 표현하려고 했다. 안 그러면 허송세월하다가 다시 한국으로 돌아가 버릴 것 같은 불안감이 엄습했다. 빅 베이비에게 말했다.

"I want to play with you guys.(너희들과 같이 어울리고 싶어.)"

그들과 어울려서 뭐든 배우고 싶었다. 함께 노는 동안에 더 많은 것을 익히고, 즐거운 시간도 보낼 수 있을 것 같았다. 그랬더니 빅 베이비가 웃었다.

"우리는 그렇게 말하지 않아. 이때는 'hang out with you guys'라고 말하는 거야."

내가 말을 고쳐서 "I want to hang out with you guys."라고 다시 말하자 그가 대답했다.

"That's right.(바로 그거야.)"

그날 이후로 빅 베이비와 존은 나를 자주 파티에 초대해 주었다. 파티에 모인 친구들과 대화도 나누고 춤도 같이 추었다. 그들은 놀러 다닐 때마다 나를 빼놓지 않았다. 가족 여행이나 가족 모임에도 나를 불러주었고, 자신들의 할머니와 어머니, 아이들에게까지 나를 소개해 주었다. 그때마다 나는 한국 음식을 준비해 갔는데, 그때 처음 'good'이라는 말이 반드시 '좋다'는 뜻이 아님을 알게 되었다. 음식을 맛본 빅 베이비의 가족들은 분명 입으로는 'good'이라고 했는데 더 이상 음식에 손을 대지 않았다.

나는 그들의 일상에 동화될 준비가 되어 있었다. 햄버거는 어쩔 수 없다고 치자. 식문화만이 전부는 아니다. 나는 그들의 옷차림을 따라 해보기로 했다. 그들은 길가 매장이 아니라 아웃렛처럼 시장에서 파는 옷을 입었다. 그렇게 3달러짜리 옷을 입고 그들은 온몸으로 '나는 힙합이야'라고 말하고 있었다. 그들 특유의 리듬은 헐렁하게 입은 그 옷차림에 뚝뚝 묻어났다. 그래서 나도 치수 큰 티셔츠를 늘어뜨려 입었고, 모자를 늘 삐딱하게 썼고, 큼직한 농구화를 사서 신었다. 그랬더니 빅 베이비가 내 스타일 좋다고 칭찬을 해주었다.

"그래? 나만 다른 것 같아서 창피했거든."

내가 기억하기로 빅 베이비와 존은 '창피하다', '부끄럽다'는 단어를 세상에서 가장 싫어하는 것 같았다.

"뭐가 부끄러워? 너는 너만의 스타일이 있는 거야. 네가 입고 싶은 대로 입으면 돼."

남들의 시선을 너무 의식하느라 피곤해하던 내게 그들의 생각과 행동은 신선한 충격이었다. 이상한 말인지 모르지만, 그들은 나보다 가방끈은 짧았지만 영혼은 자유로웠다.

한 번은 내가 영어를 틀리면 안 된다는 강박 때문에 말을 자꾸 고치고 있었다. 빅 베이비가 내 속마음을 알아차렸는지 이렇게 답했다.

"아니, 나 알아들었어. 틀려도 괜찮아. 고칠 필요 없어. 나중에 제대로 말하면 되지. 왜 굳이 고쳐?"

"좀 창피해서."

"틀렸다고 부끄러워하지 마."

빅 베이비는 마치 큰형처럼 나를 좋게 타일렀다.

"처음부터 완벽한 사람이 어디 있어? 그냥 편하게 말해. 내가 잘 들어주잖아. 대화라는 건 말하는 사람이 50%, 듣는 사람이 50%를 책임지는 거야. 누군가가 귀를 기울여야 완성되는 게 대화야. 듣는 사람도 역할이 있는 거라고. 네가 틀리게 이야기해도 내가 알아들으려고 노력하면 돼. 만일 네가 틀리면 내가 다시 물어보면 되잖아?"

그날 한 번뿐이 아니었던 그의 따뜻하고 힘이 되는 말들은 나를 조금씩 자유롭게 만들어주었다. 그러니 어떻게 그들을 따라 하지 않을 수 있었으랴.

오후 3시에 주방에 출근하면 보통은 5시까지 재료를 준비하는데, 그때마다 빅 베이비는 주방에 에미넴Eminem 음악을 틀어놓았다. 그 두 시간 동안 그들은 간간이 춤도 섞어 가면서 요리 준비를 마치곤 했다. 사소한 잡담도 나누었고, 좋아하는 노래 구간이 나오면 몸을 흔들면서 멋진 춤사위를 선보였다. 그들은 타고난 춤꾼들이었고, 나도 그들만 보면 설레는 마음에 같이 몸을 흔들었다. 그들이 보여주는 춤은 태곳적 모습 그대로의 자연스러움을 갖추고 있었다. 마치 미국 시인 월트 휘트먼Walt Whitman의 〈Song of myself〉라는 시의 한 구절처럼 말이다.

"I celebrate myself, and sing myself.(나는 나 자신을 기리고, 나 자신을 노래한다.)"

미국에서 테솔 석사 과정을 들을 때였다. 하루는 평가 과목 교수가 20명 정도의 대학원생을 앞혀 놓고 이렇게 물었다.

"주관식과 객관식 중에 뭐가 좋겠어요?"

한국에서 자란 나에게 이 질문의 정답은 분명 주관식이었다. 나를 비롯한 많은 한국인들이 한국식 교육에 대해 부정적 평가를 하고 있다는 건 주지의 사실이다. 다른 외국인 학생들도 똑같은 생각이었던 것 같다. "주관식이 좋죠"라는 답변이 이어지자 교수가 말했다.

"아니요, 둘을 섞는 게 좋습니다."

대학원 수업은 나의 한국식 상식을 많이 깨뜨려주었다. 하루는 그 교수가 '시험의 목적이 무엇인지' 우리에게 물었다.

한국식으로 생각하면 '줄 세우기'다. 나에게 시험은 당락을 결정짓기 위한 수단이었다. 그런데 같이 수업을 듣던 친구가 이렇게 말했다.

"시험은 학습을 강화하는 도구입니다."

주입식 교육의 문제점만 알고 있던 내게 그의 대답은 신선한 충격이었다. 학습을 돕기 위해 시험을 치른다고?

교수가 그 말을 받았다.

"그럼 어떻게 시험 문제를 내야 할까요?"

"학습자가 본인의 부족한 부분을 스스로 알 수 있도록 출제해야 합니다."

당신이 영어 트레이닝을 마치게 되면 얻는 것은 무엇일까? 아마 외국인과 함께 영어로 말하고 있는 멋진 자신의 모습일지 모른다. 혹은 구글과 같은 글로벌 기업에 입사하여 커피 한 잔 마시는 모습일지도 모른다. 그러나 그건 아직 영어의 초입에 서 있는 사람에겐 꿈꾸는 안갯속의 그림이다. 실은 그보다 더 좋은 것들을 얻을 수 있다. 내가 얼마나 자존감이 없는 사람인지, 내가 얼마나 스스로를 부끄러워하며 살았는지 그리고 이 모든 억압에서 벗어날 수 있는지를 우리는 깨닫는다는 것이다. 왜 꼭 영어를 통해서 그런 걸 배워야 하는지 이해할 수 없는 그런 세계를 경험하게 될 것이다. 나는 그런 기쁨을 맛보았고, 영어를 진짜 잘 배웠다는 생각을 하게 되었다. 영어를 익히려고 하지 않았다면 과연 나는 진짜 인생을 만날 수 있었을까?

 진짜 영어 한마디

영어 공부를 시작하는 사람들이 자주 하는 고민이 있다. "내 나이가 나이인지라 지금 시작하면 늦지 않을까?" 이 물음에 "You're too old to do that now.(너무 나이 드셔서 하기 힘드실 거예요.)"라고 대답할 사람은 없을 것이다.

"You're never too old to learn.(배움에 나이는 숫자에 불과하다.)"

의역을 싫어하지만, 나는 이렇게 말해주고 싶다. "배움에 나이가 어디 있습니까?" 멋진 표현이지만 이때 흔히 쓰이는 말로 다른 표현이 있다.

"Better late than never."

'안 하는 것보다는 늦게라도 하는 것이 낫다'라는 뜻이다.

할까 말까 망설이는 친구가 있다면 꼭 써먹어 보자.

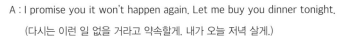 아래 대화문을 보면 다양한 상황에서 쓸 수 있다는 것을 알게 될 거다.

A : I'm sorry I'm late. I was stuck in traffic.

　　(늦어서 정말 미안해. 차가 너무 막혀서.)

B : Well, it's okay. Better late than never.

　　(그래, 괜찮아. 안 오는 것보단 낫지 뭐.)

A : I promise you it won't happen again. Let me buy you dinner tonight.

　　(다시는 이런 일 없을 거라고 약속할게. 내가 오늘 저녁 살게.)

너 남부 출신이니?

　미시시피에서 일한 지 4개월 정도 되던 어느 날, 나는 아프다는 핑계를 대고 일주일간의 뉴욕 여행을 떠났다. 이미 뉴욕행 비행기에 앉을 때부터 나는 뭔가 자신감에 가득 차 있었다. 마치 매일 에베레스트 산을 오르던 사람이 동네 뒷산을 오르는 느낌이랄까? 비행기 안에서 대화를 나누는 모든 사람들의 영어가 하나도 빠짐없이 다 들리고 있었다.

　처음 간 뉴욕이었지만, 사람들의 말이 들리는 뉴욕은 이상한 포근함으로 나를 반겼다. 그들이 일상에서 나누는 대화는 TV로 듣는 것과 느낌이 달랐다.

　뉴욕에 오면 무조건 사기로 마음먹었던 'I love New York' 티셔츠를 사러 갔더니 매장 점원이 반가운 얼굴로 내게 말했다.

"너 남부 사투리 쓰는구나!"

마침 그가 남부 출신이었다. 나는 그때 처음 내가 배운 말이 남부 사투리라는 것을 알게 되었다. 그러나 사투리를 배웠다는 쪽팔림은 없었다. 도리어 내 말이 현지인처럼 느껴진다는 뜻으로 들려서 매우 기뻤다. 식당에 가서도 반응이 똑같았다.

"손님 혹시 어디서 오셨나요?"

"저요? 한국에서 왔는데요."

"설마요. 손님이 쓰시는 말은 남부 사투리인걸요."

"맞아요, 저 남부에서 4개월간 일했어요."

"4개월요? 거짓말이죠? 저희 가게에서도 6년 동안 일한 외국인이 있는데 손님보다 영어 못하는걸요. 그런데 어떻게 4개월 만에 그렇게 말을 잘해요?"

"물론 한국에서부터 공부하기는 했죠. 미시시피에서도 공부했고요."

"언빌리버블! 여기 뉴욕에 한국 사람들 많은데 다 영어 못해요. 언빌리버블!"

그는 못 믿겠다는 말을 두 번이나 되풀이했다. 그러면서 내게 샐러드를 공짜로 주었다.

그날 오후에 공원에 갔다가 호텔 사정이 궁금해서 빅 베이비에게 전화를 걸었다.

"나 실은 뉴욕이야. 혹시 너 여기 와 봤어?"

전화기 너머로 빅 베이비의 껄껄 웃는 웃음소리가 들렸다.

"Oh, man!(크, 대박이군!)"

내 공부법은 틀리지 않았다.

4장
**영어 쉽게 배우는
방법이 있다는
달콤한 거짓말에
속지 말 것**

백전백패 뒤 첫 승

"제 수강생 중에 남자친구, 여자친구가 외국인인 사람들이 많아요."

이렇게 말하면 사람들의 반응은 크게 두 가지다.

"아니, 그런데 왜 오셨대요?"

이게 첫 반응이다. 외국인 애인을 놔두고 왜 영어 학원에 다니느냐는 의문이다. 일리 있다.

두 번째 반응은 주로 강사들 입에서 나온다.

"선생님은 불편하지 않아요?"

마침 알고 지내던 강사에게 그 말을 전했더니 그가 똑같은 반응을 보였다.

"선생님 수업에는 그런 사람도 들어와요? 외국인하고 사귀는 사람 오면 저는 긴장되더라고요."

이유는 굳이 말하지 않아도 될 것 같다.

내 반에 들어온 한 여성도 외국인 남친을 두고 있었다. 나는 그녀에게 물었다.

"남친한테 배우면 되지, 여긴 왜 왔어요?"

"저도 그렇게 하고 싶었는데 남친과의 대화로는 영어가 안 늘어요."

알고 보니 더 중대한 이유가 있었다.

"남친하고 싸웠는데 너무 분했어요."

뭐가 분했던 걸까?

"막 쏘아붙이고 싶은데 할 수 있는 말이 없으니까…."

말싸움이 벌어질 때마다 그 여성은 본의 아니게 벙어리가 되었다. 말이라도 시원하게 쏟아내야 속이 후련해질 텐데, 싸울 때마다 고구마 먹은 기분이라는 것이다. 그녀가 원하는 건 남친과의 싸움에서 이길 수 있는 영어였다!

"나름 책도 많이 읽고 똑똑하다고 생각하고 있었는데 제가 너무 초라해 보였어요."

참고로 나는 수강생들과 대화를 많이 나누는 편이다. 주로 수강 동기와 배경을 많이 묻는데, 그들의 동기를 알아야 자극을 줄 수 있기 때문이다.

그녀는 우리나라 사람이라면 누구나 다 아는 항공사의 승무원이었다. 간단한 항공 안내 및 질문과 대답 정도를 위해 영어를 쓰기는 하지만 프리토킹이 가능한 수준은 아니었다. 그녀는 속 깊은 대화를 나누질 못해서 속이 상했던 것이다. 결혼까지 염두에 두고 있는 만큼 진지한 대화도 나누고 싶은데 지금 같아서는 그저 애들 놀이밖에 될 것 같지 않았다. 물론 처음에는 본인도 남친이 외국인이니까 영어가 쑥쑥 늘줄 알았다고 했다. 그런데 안 되더라. 듣는 것까지야 어떻게 해보겠지만 표현하기는 난제였다. 머릿속에 넣어둔 표현이 없었기 때문이었다. 인풋이 없는 상태에서 아웃풋이 가능할 리 없었다. 남친은 학원 다니는 것을 반대했다. 한국 학원의 속 사정을 나름 알고 있는 사람이었던 것이다. 그러나 여친이 일주일 다녀본 소감을 전하자 그는 열심히 다녀보라며 격려했다고 했다.

그녀는 눈빛이 남달랐다. 수업 중에 나오는 모든 표현을 당장 써먹을 수 있겠다는 생각이 드니까 그럴 수밖에 없었다. 그녀는 미어캣처럼 언제나 허리를 곧추세우고 강의를 들었다. 집중력만큼은 타의 추종을 불허했다.

한 번은 수업 중에 내가 수강생들에게 요긴한 영어 표현을 알려주었다. 그리고 다음 내용으로 넘어가려는 찰나에 강의실에 외침이 터졌다.

"잠깐!"

수강생 80명의 시선이 일제히 소리가 난 곳으로 향했다. 그녀였다.

워낙 밀도 있게 진행되는 수업이기에 중간에 끼어드는 사람을 찾기 힘들다. 강의실은 일순 정적에 휩싸였다. 필기 중이던 그녀의 손이 멈췄다. 그녀가 놀란 얼굴로 주위를 둘러보았다.

"제, 제가 무슨 말을 했나요?"

"방금 잠깐만이라고 했는데요."

"아, 죄송합니다. 속으로 한 말인 줄 알았어요. 방금 말씀하신 표현이 너무 좋아서 적고 있는데 넘어가려고 하셔서…."

그리고 몇 주 뒤 그녀가 고대하던(?) 날이 왔다. 남친과 말다툼을 한 것이다.

그녀가 남친과 말다툼을 하는 이유들 가운데 하나는 음식 때문이었다. 그녀 말에 따르면 남친은 음식 앞에서 이기적인 사람으로 변신한다고 한다. 스테이크를 예쁘게 썰어주는 것까지는 좋은데 본인이 다 먹는다는 것이었다. 그날도 매너 있게 스테이크를 썰어주더니 기어이 자기 것까지 뺏어 먹기 시작했다.

'Now is the time!(이때다!)'

그녀는 그간 열심히 준비한 표현들로 쏟아붙이기 시작했다. 봇물이 터지면 강물 밑바닥에 가라앉아 있던 옛 기억까지 흘러넘친다. 그녀는 그간의 억울했던 사정까지 하나도 남김없이 다 쏟아부었다. 미국인 남친의 입이 떡 벌어졌다.

"너 언제부터 그렇게 말을 잘했어?"

그게 수강 후 3주 지났을 때 벌어진 일이었다. 그녀는 활짝 피어난 얼굴로 강의실에 들어섰다. 대승을 거둔 장군의 얼굴이었다.

"선생님, 지금까지 백전백패였는데 드디어 어제 1승을 거두었어요!"

이 귀여운 에피소드에는 우리가 배워야 할 게 여러 가지 숨어 있다. 하나는 바로 배워서 바로 써먹을 수 있도록 영어를 트레이닝해야 한다는 점이요, 또 하나는 내가 어디에 이 표현을 쓸지 늘 이미지를 떠올려서 트레이닝해야 한다는 점이다. 그리고 마지막은 인풋이 없으면 아웃풋도 없다는 점이다. 기억하자. 머릿속에 넣어둔 게 없으면 꺼내 쓸 수 있는 게 없다. 너무 당연한 말이다.

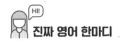

옆자리 동료 제이슨이 회의 석상에서 한창 발표 중이다. 근데 뭐라는 건지 당최 모르겠다. 말이 두루뭉술하다. 말이 산으로 간다. 좀 더 구체적으로 설명해달라고 말하고 싶은데 어떻게 말해야 할지 몰라 답답하기만 하다. 일단 그냥 고구마 백 개 먹고 넘어가자. 그리고 회의가 끝나고 그 표현을 찾아본다. 의외로 너무 간단하다.

"Can you be more specific?(좀 더 구체적으로 말씀해 주시겠어요?)"

미드나 할리우드 영화를 보면 자주 들리는 표현이다. 내일 당장 쓰겠다는 생각으로 집중해서 심도 있게 외워보자.

응용 좀 더 공손하게 부탁하는 어조로 말하고 싶다면, 간단히 'can'을 'could'로 바꿔서 "Could you be more specific?"으로 말해보면 좋겠다. 연습에 연습을 거듭한 후 써먹어야 본인 것이 된다. 파이팅!

인풋 괴물, 말백타 미션 통과하기

그녀가 공부한 것은 '말이 되는 백 개의 타픽', 즉 말백타다. 여기서 타픽(토픽)은 아래처럼 하나의 장면을 담고 있는 10~15개 정도의 문장이다. 그것은 연설문일 수도 있고 드라마나 영화의 한 대목이거나 뉴스일 수도 있다.

1) So, I say to you, forget about the fast lane. 2) If you really wanna fly, just harness your power to your passion. 3) Honor your calling. 4) Everybody has one. 5) Trust your heart and success will come to you.

6) So, how do I define success? 7) Let me tell you, money's pretty nice. 8) I'm not gonna stand up here and tell you that it's not about money, 'cause money is very nice. 9) I like money. 10) It's good for buying things. 11) But having a lot of money does not automatically make you a successful person. 12) What you want is money and meaning. 13) You want your work to be meaningful. 14) Because meaning is what brings the real richness to your life. 15) What you really want is to be surrounded by people you trust and treasure and by people who cherish you. 16) That's when you're really rich. (오프라 윈프리의 스탠퍼드 졸업식 연설 중)

나의 강의를 기준으로 보면 수강생들은 한 달 동안 20일 수업을 듣는다(1회 수업 70분 기준). 수강생들은 매일 하나의 토픽을 듣고, 따라서 말해보고, 강의 중에 최대한 집중해서 트레이닝하고 강의실 밖에서 부족한 부분을 보강한다.

이렇게 일주일(5일 수업)이 지나면 수강생은 총 50개의 표현을 익히게 된다.

5일 × 10개 표현 = 50개 표현

이 과정을 한 달간 지속하면 총 200개의 영어표현을 자유자재로 구사할 수 있게 된다.

4주 × 50개 표현 = 200개 표현

그리고 5개월에 걸쳐 과정을 수료하면 자유롭게 쓸 수 있는 1000개의 표현을 가지게 된다.

5개월 × 200개 표현 = 1000개 표현

1000개의 표현을 암기한다는 말이 무슨 의미일까? 목표 달성률이 절반 수준이어도 기초적인 회화가 가능해진다는 얘기고, 그 이상에 이르면 회화 능력도 기본을 넘어선다는 말이다. 항공사 승무원이었던 그녀의 사례를 빌려서 말하면, 말싸움에서 밀리지 않는 수준이 되는 것이다.

내가 경험한 바에 따르면 5분간 대화할 수 있다면 20분도 대화할 수 있다. 20분이 가능하면 1시간도 가능해진다. 그래서 5분 대화가 중요한데, 이 5분 대화의 기초가 되는 게 열 문장 토픽이다.

어학연수를 다녀오는 걸 굳이 반대하지는 않는다. 그러나 많은 어학연수 경험자들이 증언하듯 인풋이 없는 상태에서 다녀온 어학연수는 그냥 돈을 갖다 버리는 것과 다를 바 없다. 그럼 어떻게 해야 어학연수를 알차게 보낼 수 있을까?

어학연수를 가기 전에 5개월 정도는 인풋에 시간을 투입해야 한다. 말 한마디 제대로 못 하는 상황에서 입국 심사를 받는다고 생각해 보자. 말 한마디 제대로 못 알아듣는 상황에서 어학연수 수업을 듣는다고 생각해 보자. 수영의 '수'자도 모르는 사람을 바로 풀장에 넣는 강사를 본 적이 없다. 운전면허 따러 온 사람에게 다짜고짜 자동차 운전을 시키는 학원도 없다. 야구공을 주고받을 줄 아는 사람에게 그라운드에서 연습할 기회를 부여하는 것이지 생초짜를 데려다가 현장에 바로 투입하는 사람은 없다. 마찬가지로 어학연수는 실전 영어를 경험하는 과정이지 걷지도 못하는 사람을 뛰게 만드는 곳이 아니다. 반면 외국을 다녀온 나의 수강생들이 하나같이 하는 얘기처럼 머릿속에 양질의 인풋을 넣고 다녀온 외국은 그 무엇과도 비교할 수 없는 최상의 경험을 선사했다. 물론 수강생 중에는 어학연수를 포기하고 그냥 한국에서 공부하는 걸 택한 사람들이 더 많다. 왜냐고? 한국에서도 얼마든지 현지에서보다 더 효율적으로 영어를 정복할 수 있다는 걸 알아버렸으니까.

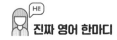

진짜 영어 한마디

"너 너무 심했어!", "너 도가 지나쳤어!"

이 말을 어떻게 표현할 수 있을까?

"You went too far!"

직역하면 '너무 멀리 갔다'가 된다. 상대방이 선을 넘었다고 생각될 때 쓰면 좋다. 다른 표현으로 하면 'You're out of the line' 또는 'That's too much'가 있다.

상황 대화문을 통해 익히고 내 것으로 만들어 보자.

A : Paul, why is Janine so mad at you? What did you do wrong?(폴, 제닌이 너한테 왜 그렇게 화가 난 거야? 뭘 잘못한 거니?)

B : I was so busy that I forgot her birthday.(너무 바빠서 그 애 생일을 까먹었어.)

A : Again? I think You went too far this time.(또 그런 거야? 내 생각엔 이번에는 네가 너무 심했어.)

외우는 머리는 진화한다

말백타 미션은 도전적 과제다. 절대 거저 얻을 수 있는 열매가 아니다. 땀방울이 필요한 일이다. 이게 힘들다는 건 나도 잘 안다. 그러나 아무리 생각해도 영어를 손 안 대고 쉽게 따먹을 수 있는 요령을 찾을 수 없었다. 한 번은 이름만 대면 다 아는 곳에서 스카우트 제의가 왔다. 내가 의외로 싸움닭 기질이 있다.

"거기는 거짓말하는 곳 아닙니까? 어떻게 영어가 그렇게 간단히 된다고 말씀하시죠? 저는 거짓말 못 합니다. 만일 제가 그쪽에서 광고하는 것처럼 하지 않고 저만의 트레이닝법으로 하게 해주신다면 고려해보겠습니다."

역시나 예상대로 함께할 수 없겠다는 답을 받았다.

물론 학습자로 하여금 스스로 한계를 설정하게 하고 '쉬운 영어'를 알려주는 사람들도 있다. 최소한의 선을 긋고 이 정도면 영어 콤플렉스를 느끼지 않을 것 같고, 외국에서도 여행영어 정도는 할 수 있겠다고 목표를 하향 조정하여 접근하는 방식이다. 나도 그건 부정하지 않는다. 너무 어려워서 포기하는 것보다는 그편이 나을 수도 있으니까. 그러나 그게 진짜 영어냐고 내게 묻는다면 내 대답은 단호하다. 그건 영어를 흉내 내는 것에 불과하다. 설령 여행을 다니는 데는 큰 문제야 없겠지만 현지에서 만난 외국인과의 정서적 교류는? 문제 발생 시 해결은? 외국 바이어와 대화는? 그저 역사적 건축물이나 현대식 빌딩을 감상하고, 자연경관이나 사람들을 구경하고 돌아오는 게 여행의 목적이라면 아무 문제 없겠다. 그러나 어떤 사람에게 인스턴트커피는 커피가 아니다. 최소한 커피라고 부르려면 뜨거운 물에 곱게 간 커피를 내려서 먹는 노고쯤은 들여야 하지 않을까.

나는 '쉬움'을 파는 장사꾼이기보다는 '노력에 대한 보상'을 맛보게 하고 싶다. 그래서 강의를 할 때 5개월간의 고된 훈련 과정에서 수강생 스스로 성취감을 느낄 수 있도록 많은 신경을 쓴다. 스스로 느끼는 성취감만 한 동기부여는 없다고 믿기 때문이다. 실제로 막노동 수준의 70분 수업을 마치고 나면 학생들은 휘파람을 불면서 강의실 문을 나선다. 당장은 어렵지만 그 순간을 돌파하고 나면 자신감을 갖게 된다. 욕심부리지 않고 확실한 한두 문장을 자기 몸에 장착한 뒤 강의실 문을 나서는 이들의 뒷모습은 얼마나 아름다운가. 이제 그 한두 문장은 그들에게서 빼앗을 수 없다. 그들은 상황에 푹 젖어서 감정을 입힌 뒤 자기 몸에 영어 표현을 새겼기 때문이다.

"Oh, it's a long shot!"

이는 'almost impossible!(불가능해!)'라는 뜻으로 쓰이는 현지 표현이다. 이 표현이 나온 배경은 사냥이다. 'A long shot', 즉 먼 거리에서 표적을 쏴서 맞추는 것이 거의 불가능하다는 데서 유래되었다. 그래서 "오, 그건 거의 불가능해!", "그건 너무 어려운 일이야!"라고 말하고 싶을 때 쓴다.

한마디 더 배워보자.

"What a smart cookie!"

예를 들면 신입사원이 들어왔는데 하나를 가르쳐 주면 열을 안다. 그

때 당신은 우리 말로 뭐라고 하고 싶은가?

"똑똑한 친구네."

그런 뜻이다. 내 말백타 미션을 받아들인 사람 중에 '스마트 쿠키'한 사람과 '잇쳐 롱 샷'한 사람이 있었다.

나는 수업 말미에 그날 배운 토픽에서 나오는 7개의 표현을 외우게 했고, 다 외워야 집에 보내주었다. 마침 서울 명문대 경영학과에 재학 중인 학생 한 명이 있었다. 그 친구는 늘 제일 먼저 강의실을 빠져나갔다. 수업만 잘 들어도 자동으로 외워지는 모양이었다. 그런데 한 가지 문제가 있었다. 다음날 내가 물어보면 지난 수업에서 배운 문장을 두세 개밖에 기억하지 못했다. 전혀 부럽지 않은 '스마트 쿠키'였다.

반대로 '롱 샷!'을 외치던 50대 후반의 한 어머님이 계셨다. 첫날 수업을 듣고 7문장 외우기 숙제를 내주었는데 두 시간이 넘도록 외우지 못해 교실에 혼자 남아 계셨다. 나는 절대 타협하지 않고 끝까지 남아서 다 외울 때까지 기다렸다. 처음 며칠은 너무 늦게 학원에서 나온 탓에 버스를 놓치기도 했다. 그래도 상관하지 않았다. 버스 놓친 것보다 이 시간을 놓치는 게 더 아까웠다. 나야 버스를 놓치면 택시를 탈 수 있지만, 어머님은 오늘 영어를 놓치면 영원히 영어를 놓칠지 모른다는 생각에 그렇게 할 수밖에 없었다.

다행히 이 어머님에게는 영어를 공부해야 하는 동기가 있었다. 환갑이 머지않았던 어머님은 사위가 영국인이었다. 눈에 넣어도 안 아픈 사위와 유창하게 영어로 대화하는 게 최종 목표라고 하셨다. 얼마나 간절하셨으면 사위와 영어로 대화를 나누는 꿈도 꾼다고 했다. 처음 어머님이 택한 방법은 방통대 영어영문학과 다니기였다. 학교를 졸업하고 나니 기본기는 어느 정도 쌓아졌는데 막상 대화는 다른 문제였다. 그래서 내 회화 수업을 찾아온 것이다.

아무래도 하드 트레이닝 방식이 적응하기 어려웠던 것 같다. 수업 중에 7문장을 외우는 것도 그렇게 힘들었는데 하루 한 토픽 외우기는 오죽 힘들었겠는가? 토픽 하나를 외우기 위해 거의 하루 반나절을 보냈다던 아주머니는 일주일이 지날 때쯤 너무 힘들어서 포기하고 싶은 생각이 들었다고 했다. 그러나 막상 사위와 대화를 나눌 수 있는 길이 이것밖에 없다는 생각에 꾹 참고 따라온 것이다. 그랬더니 한 달 후에는 한 토픽을 외우는 데 걸리는 시간이 3시간 안쪽으로 줄어들었다. 몇 차례 되풀이해서 따라 말하기를 하는데 뜻밖에도 잘 외워졌다고 했다. 내가 잘했다고 칭찬했더니 손사래를 쳤다.

"에이, 아니에요. 저분은 한 시간 만에 다 외우던데요."

"지금 몇 개월 강의 들으셨죠?"

"한 달 됐죠."

"저 분은 6개월째 듣고 있는 거예요. 하다 보니까 외우는 시간이 단축된 거지 처음부터 그렇게 외우는 사람은 없어요."

초반에 어머님은 울면서 따라왔는데, 나중에는 사람들과 보조를 맞춰서 잘 따라갔다. 5개월에 접어들었을 무렵, 어머님은 5분 스피치가 가능해졌다. 그리고 무엇보다 사위와 즐겁게 대화를 나눌 수 있게 되었다! 물론 5개월 과정의 수업은 다 채웠고 사위와도 어느 정도 대화를 나눌 수 있게 되었지만, 어머님은 강의를 연장해서 들었다. 신기하게도 사람들은 마의 5개월을 지나면 스스로 자신감이 드는 모양이다.

양질의 인풋을 단기간에 넣기란 쉬운 일이 아니다. 그러나 분명한 건 하다 보면 시간이 단축되고, 쓸 수 있는 표현이 늘면서 자신감도 생긴다는 사실이다. 그렇게 한 걸음씩 걷다 보면 영어가 좋아지는 때를 맞이하게 된다. 좋아해서 잘하는 것인가, 잘해서 좋아하는 것인가? 영어 잘하는 사람 중에는 어렸을 때부터 영어가 재밌었다고 말하기도 하는데 그런 사람들은 만에 하나다. 내가 아는 주변의 영잘알들은 열심히 하다 보니 좋아하게 된 경우다. 그들이 영어를 잘하기까지 얼마나 많은 노력을 들였는지는 똑같이 노력해본 사람만 안다.

진짜 영어 한마디

우리말에 '엎지른 물'이라는 표현이 있다. 영어로는 어떻게 쓸까? 현지인들은 '물' 대신 '우유'를 쓴다.

'Spilt milk.(엎지른 우유.)'

여기에 '한탄하다'라는 뜻의 'cry over'를 넣으면 이렇게 된다.

"Don't cry over spilt milk.(우유를 엎질렀다고 한탄하지 마.)"

상황 대화문을 통해 익혀보자.

A : It's been five days since I lost my passport. I feel like an idiot.(여권 잃어버린 지 5일이 됐어. 바보가 된 기분이야.)

B : Don't cry over spilt milk. Let's find out how to get a new one.(이미 엎질러진 물이야. 새로 발급 받을 방법 좀 알아보자.)

A : I guess you're right. What am I supposed to do now?(네 말이 맞긴 해. 이제 어떻게 하는 게 좋을까?)

발음 문제 해결하기

　정말 다행히도 한국인은 영어 귀를 갖고 있다. 예를 들면 원어민이 하는 영어와 원어민 아닌 사람이 하는 영어를 구분할 줄 안다. 심지어 영국인의 영어와 미국인의 영어도 구분한다. 무슨 말인지 알아먹지는 못해도 발음상의 차이를 분간할 수 있다. 아마도 어렸을 때부터 자막 붙은 미국 영화나 드라마, 미국 음악을 듣고 자라서일 것이다. 그럼 남은 문제는? 미국인의 발음을 쫓아가는 것이다.

　발음 공부의 핵심은 귀에 있다. 절대 발음기호로 공부하는 게 아니다. 아무리 눈으로 보고 손으로 익혀 봐야 귀가 듣지 못하면 그건 발음 공부가 아니다.

　한 번은 녹음파일을 듣다가 다음과 같은 말을 들었다.

　"아워너뤄너 해~프매러떤."

　앞쪽의 'I want to run'까지는 어떻게 들었다. 그런데 해프매러떤? 무슨 말인지 찾아보니 'half marathon'이었다. 'half'는 '할프' 아닌가? 'marathon'은 '마라톤' 아닌가?

　나는 무엇에 속은 걸까? 마치 일본인이 맥도날드를 매크도나르도, 맥북을 매쿠부쿠라고 하듯이 우리도 우리말처럼 발음하는 영어가 있다. '할프'와 '마라톤'도 그런 발음 중 하나다. 머릿속에 그런 발음이 편견처럼 박혀 있으니 실제 음성이 들리지 않는 것이다.

　'할프 마라톤' 사건 이후 나는 텍스트로 만나는 단어 가운데 들어본 적이 없는 단어는 꼭 해당 발음을 찾아 들었다. 발음기호는 절대 보지 않았다. 소리에 익숙해지고, 소리를 외우고, 소리로 표현하는 게 핵심이다.

발음 문제를 해결하기 위해 약간의 사전 트레이닝이 필요하다. 예컨대 L과 R, P와 F, B와 V, J와 Z과 같이 한국어 발음에 없는 발음을 연습해 보는 것이다.

또한 알파벳별로 성대를 울리면서 나는 소리(유성음)와 성대 울림 없이 나는 소리(무성음)도 구분해서 연습한다. 목을 짚어보면서 떨림이 있는지(유성음) 없는지를 확인한다. 그리고 연음(연결되는 음)도 공부한다. 예를 들면 'think about'이라는 두 개의 단어는 따로따로 발음하면 '띵크'와 '어바웃'이지만 둘이 나란히 쓰이면 한 단어처럼 '띵커바웃'이 된다. 이런 게 영어에는 수두룩하다. 'give it a shot'은 '기브 잇 어 샷'이 아니라 '기비러샷'이 된다. 'We are' 혹은 줄임말인 'We're'는 마치 '월'처럼 발음한다. 'Bus stop'은 '버스탑'이 되고, 'should'는 '슈드'가 아니라 '슛'이 된다. 'get'의 과거분사형 'gotten'은 갑자기 'tt'가 받침처럼 되어 '가튼'이 아닌 '갓은'처럼 여리게 발음한다.

어디 이뿐이랴. 이런 발음상의 특징들이 문장 속에 들어갈 때는 문장의 리듬에 지배를 받아서 어디는 더 안 들리게 발음하고 어디는 더 강조하게 된다. 다른 단어들과 묶여서 발음하는 단어도 수두룩해서 마치 한 덩어리처럼 들린다. 우리말처럼 전체를 균일하게 전부 발음하는 게 아니다.

영어는 발음 문제만 해결해도 일단 반은 먹고 간다. 설령 내가 말을 못하더라도 들을 수는 있기 때문이다. 듣지 못해서 눈을 동그랗게 뜨고 있는 것과 들리지만 표현이 잘 나오지 않는 것이 같을 수는 없는 법이다.

받아쓰기든 들기든 표현을 익혔다면 당신은 그 발음을 그대로 모방해서 연습한다. 누누이 강조했듯이 영상으로 녹화한 뒤 직접 보면서 체크하거나 나보다 영어 잘하는 사람에게 가서 영상을 보여주고 조언을 구하면 좋다.

설령 나중에 찾아보지 않더라도 영상을 찍는 것 자체가 도움이 된다. 아무도 보는 사람이 없는 곳에서 혼자 발표 연습을 하는 것과 카메라를 의식하며 발표하는 것은 연습량에 차이가 있다. 영상 녹화는 확실히 더 많은 노력을 기울이게 한다. 설령 누군가에게 보여주지 않더라도 어딘가에는 흔적이 남아 있다는 걸 인식하기 때문인 것 같다.

종종 귀만 뚫으면 영어가 된다고 말하는 사람들을 보곤 하는데, 아니다. 알아듣게 된 발음이라도 내 입에 붙기 위해서는 직접 발음해 봐야한다. 말하기 연습을 할 때는 다음을 주의하자.

① 목소리를 크게 낸다. 이건 많은 연구 보고서가 증명하는 효과적인 학습법이다.

② 턱이 아플 만큼 입을 크게 벌리며 발음한다.

③ 소리를 뱃속에서부터 끌어올린다. 미국인들은 배로 발성하는 것처럼 말한다.

④ 'L' 소리와 'R' 소리처럼 개별 발음을 정확히 내도록 노력한다.

⑤ 연음에 신경을 써서 발음한다.

⑥ 랩을 하듯 리듬에 신경을 쓴다.

⑦ 말하기 속도는 처음부터 집착하지 않아도 된다.

⑧ 말 외에 제스처도 따라 하고, 최대한 감정을 잡고 말한다. 마치 연기하
듯이.

조금 복잡한가? 그렇다면 가장 간단한 방법이 있다. 복사기처럼 따라
하라.

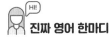

진짜 영어 한마디

죽이 잘 맞는 친구가 있다. 공통점도 많더라. 나도 막내인데 그 친구도 막내다. 둘 다 힙
합 음악을 좋아하고 옷 입는 스타일도 비슷하다. 이러니 얼굴만 봐도 기분이 좋다. 그에
게 뭔가 한마디 하고 싶다.

"We have a lot in common.(우리는 공통점이 많아.)"

반대로 "우리는 공통점이 전혀 없어"라고 말하고 싶다면 이렇게 바꾼다.

"We have nothing in common."

지금 당신 앞에 있는 사람은 'We have a lot in common'인가?

'We have nothing in common'인가? 둘 중 하나는 꼭 쓸 수
있다.

상황

A : Ben. What do you do for fun?(벤. 취미가 뭐야?)

B : I really like to watch movies and go swimming.(나
는 영화 보고 수영하는 걸 좋아해.)

A : So do I. I think we have a lot in common.(나도
그래, 내 생각에 우린 참 공통점이 많은 것 같아.)

나의 노력 체크하기

인풋의 목표는 두 가지다. 하나는 무슨 발음인지 알아듣기이고, 다른 하나는 무슨 표현인지 알아먹기다.

"It's all part of the plan."

이 문장에서 'part of'는 '파트 어브'가 아니라 '파러브'로 발음한다. '파러브'라는 발음을 모르면 절대 안 들린다. 설령 '파러브'라고 들어도 이게 무슨 뜻인지 모르면 그냥 '파러브'다. 'part of', 즉 '한 부분'이라는 표현을 알아야 듣기가 완성된다.

이렇게 발음과 뜻 두 가지를 일주일이든 한 달이든 공부하면 이제 테스트를 할 차례다. 외국인과 대화를 나눠 보는 것도 한 가지 좋은 방법이다. 내가 있던 종로 YBM어학원에는 외국인 강사들이 많이 있었다. 이들의 강의는 소수 정예로, 가격이 조금 비싼 대신 인원이 적었다. 외국인 강사들은 강의 홍보를 겸해서 종종 프리 클래스를 운영했다. 점심시간에 무료로 오픈하는 강의였는데, 나는 수강생들에게 꼭 가서 참여하라고 했다. 왜? 이유는 세 가지였다.

첫째는 그냥 내버려 두면 절대 외국인과 대화할 것 같지 않은 사람들이 있기 때문이다. 프리 클래스는 같은 학원 강사를 만나는 데다 굳이 어렵고 힘들면 대답하지 않아도 된다. 수강생이라는 군중 속에 숨어 있으니 울렁증에서 벗어나서 편안하게 외국인이 말하는 걸 들을 수 있는 기회다.

둘째는 그간의 듣기 연습을 테스트할 수 있는 좋은 기회이기 때문이다. 외국인 강사는 한국말을 쓰지 않고 영어로만 수업을 진행하기 때문에 내 귀가 얼마나 뜨였는지 확인할 수 있다.

셋째는 만일 가능하다면 배운 표현으로 대답을 해볼 수 있는 기회이기 때문이다. 내가 보증하건대 ① 미국 현지에서 쓰는 영어 표현을 ② 올바른 발음에 실어서 ③ 감정과 제스처를 충분히 살리며 표현하면 외국인 강사든 누구든 눈이 동그래진다. 외국인의 표정이 변하는 모습을 본 사람이라면 자기 영어에 대한 자신감도 갖게 되고, 지금까지 공부한 방법이 틀리지 않았다는 믿음도 갖게 된다.

물론 외국인을 꼭 만나지 않더라도 자신의 영어 실력을 확인할 수 있는 방법은 많다. 그중 하나가 영화 관람이다. 장르 불문하고 뭐든 가서 본다. 테스트라는 압박감 없이 그저 가서 즐기면 된다. 그리고 영화의 박진감 넘치는 줄거리와 상관없이 10번 이상 소름이 돋았는지 확인한다.

'저 표현, 그래, 저 표현! 어쩌면 이렇게 깨끗하게 들리지?'

그 순간 당신 몸에 난 털이 일제히 만세를 부르며 일어난다. 이때의 기쁨은 당신이 노력하고 있다는 증거이고, 제대로 길을 가고 있다는 뜻이다.

인생의 놀라운 법칙 가운데 하나는 노력과 성취감은 서로를 북돋는다는 점이다. 당신이 노력해서 무언가를 달성했다면, 그 달성했다는 마음이 다시 노력에 박차를 가하도록 만든다. 그렇게 더욱 노력을 들이면 당신은 한 걸음 더 나아갈 것이고, 그 한 걸음 더 나아갔다는 마음이 노력에 불을 지필 것이다. 노력과 성취감은 그렇게 당신을 중독에 빠뜨린다. 그러므로 노력을 기울였다면 반드시 내가 거둔 성과를 눈으로 확인한다. 그래야 내일도 트레이닝에 나설 수 있다.

한 가지만 더 추가한다면 이 최초의 노력, 즉 바닥을 다지고 마중물을 붇는 일이 생각처럼 녹록지 않는다는 점이다. 실제로 나의 강의를 들은 약 8만 명의 수강생 가운데 올바른 길로 영어 트레이닝의 여정을 마친 사람은 3분의 1 수준이었다. 아무리 뛰어난 교사도 학생 스스로의 노력 없이는 아무것도 이룰 수 없다. 길은 자기 스스로 걷는 것이다.

진짜 영어 한마디

내가 하려고 했던 말을 상대방이 간발의 차이로 먼저 말하는 경우가 있다. 이때 영어로 어떻게 말하면 좋을까?

"You just took the words right out of my mouth."

직역하면 "너 내 입에서 그 말을 빼냈어"인데 우리 식으로 하면 "내가 하려던 말이야" 정도가 되겠다. 물론 이 경우뿐 아니라 상대방의 말에 동의할 때에도 쓸 수 있다.

상황 대화문을 통해 뉘앙스를 익히고 연습해서 꼭 활용해보자.

A : Do you want to go to the movies tonight? (오늘 밤에 영화 보러 갈래?)

B : You just took the words right out of my mouth. What movie do you want to see tonight?(내가 하려던 말이야. 무슨 영화 볼래?)

문법, 나중에 간략히 끝낸다

문법과 관련해서 좋은 소식과 나쁜 소식이 있다.

먼저 나쁜 소식부터 말하자면, 영어 트레이닝을 하면서도 문법은 공부해야 한다는 것이다.

한데 좋은 소식은 트레이닝 마지막에 아주 짧고 간단하게 공부를 끝내면 된다는 것이다.

우리는 영문학자가 되는 게 목표가 아니다. 영어 편집자가 되어 틀린 문장을 고치고 싶은 것도 아니다. 단지 문장 구조를 파악할 수 있는 용도로 문법을 배우면 된다. 그래서 기초적인 영어 트레이닝을 어느 정도 마친 후에 가벼운 마음으로 짧게 문법을 배우면 충분하다.

만일 당신이 기초적인 문법을 알고 있다면 당신은 몇 마디 듣지 않아도 그 뒤에 오는 말을 알 수 있게 된다. 그리고 당신이 기초적인 문법을 알고 있다면 언제 수동태로 말해야 하는지와 능동태로 말해야 하는지를 구분할 수 있다.

그럼 질문이다. 언제 수동태를 쓰는 걸까?

우리는 학창 시절에 능동태를 모두 수동태로 바꿀 수 있는 것처럼 배웠다. 예를 들면 '나는 커피를 마신다'는 문장이 있다고 해보자. 이건 알다시피 능동태다. 이를 수동태로 바꾸면 어떻게 될까? '커피가 마셔진다, 나에 의해서.' 불가능한 표현은 아니지만, 결코 일상적인 표현은 아니다. 황당한 내용의 판타지 영화나 말도 안 되는 코미디 장르 혹은 아주 특수한 상황에서나 쓸 법한 표현이다.

그러면 이 문장은 어떨까?

"나 차에 치였어."

이걸 영어로 표현한다면 능동태를 써야 할까? 아니면 수동태를 써야 할까?

능동태 : The car hit me.

수동태 : I was hit by a car.

이 두 가지 표현은 둘 다 말이 된다. 그러나 상황에 따라 쓰는 말이 달라진다. 만일 친구나 부모님과 대화 중이고, '나 지금 다쳤어. 사고가 났어. 아파 죽겠어' 하는 의미를 담아서 말하고 싶다면 이때는 수동태를 쓴다. 이 문장에서 중요한 게 '그 차'가 아니라 '나'일 때, '나'가 주어 자리에 오도록 한다는 말이다.

반대로 'The car hit me'도 필요한 경우가 있다. 경찰서에서 사건의 경위를 물을 때 나는 교통사고를 낸 차를 지목해야 한다. 그때는 차가 중요하니까 "The car hit me"라고 말한다. 즉 대화 맥락에서 중요하게 다뤄지는 주체가 주어 자리에 오는 것이다.

만일 이런 식의 기초적인 문법을 알고 있다면 우리는 위의 두 문장을 언제 어떤 상황에서 써야 하는지 알게 되고, 반대로 미국인이 쓰는 두 문장의 뉘앙스 차이도 읽어내게 된다.

우리가 문법을 알아야 하는 가장 중요한 이유가 있다. 오류를 없애기 위해서다. 우리나라 말을 하는 외국인들의 말을 듣다 보면 가끔 우리에게 어색하게 들리는 표현들이 있다.

"나 밥이 먹었어요."

우리는 즉각적으로 '밥이' 대신 '밥을'이라고 말해야 한다는 걸 안다. 물론 말은 알아듣는다. 그러나 완전하지 못하다. 문법은 우리의 듣기, 쓰기, 읽기, 말하기를 완성해 주는 마지막 손길이다.

그러나 절대 문법을 먼저 배우지 말자. 과거에 배운 문법이 있더라도 그건 내가 말하는 문법과 다르다. 여기서 말하는 나중에 배워야 할 문법은 실용적이고, 오류를 방지하고, 나아가 나의 영어에 품격을 더해줄 문법을 의미한다. 나의 영어 말하기, 듣기, 읽기, 쓰기를 완성해주는 마지막 장식이다. 그래서 문법은 나중에, 아주 쉽게 공부하고 끝내도 충분하다.

 진짜 영어 한마디 _____

친구랑 식당에서 저녁을 먹었다. 근데 녀석이 밥을 다 먹고는 대뜸 "Ben, thank you for the delicious dinner(벤, 맛있는 저녁 고마워)"라고 하지 않는가. 엥? 난 밥 사준다고 한 적 없는데? 당황한 나머지 나는 "내가 호구로 보이냐?(혹은 내가 만만해?)"라고 당당히 영어로 소리치고 싶다. "Do you think I'm a ~?(내가 ~으로 보여?)"까지는 잘 완성했는데…, 호구(만만한 사람)가 영어로 뭐지?

이때 쓰는 'pushover'라는 단어가 있다. '남의 말에 잘 넘어가는 사람(쉽게 영향을 받는 사람)'을 뜻한다. 참고로 'push over'는 '밀어서 넘어뜨리다'라는 뜻의 동사이다. "내가 호구로 보이니?(내가 만만해?)"를 영어로 하면 "Do you think I'm a pushover?"이다.

응용 그럼 "나는 물건 살 때 완전 호구야"를 영어로 어떻게 할까? 간단히 "I'm such a pushover when I buy something"라고 말하면 된다.

명심하자! Don't be a pushover.(호구가 되지 말자.)

최대한 단순하게 시작한다

지금은 현역에서 은퇴하고 지도자 생활에 들어선 설기현 전 국가대표 축구선수가 이런 말을 한 적이 있다.

"한국 축구대표팀이 아주 중요한 경기에서 큰 점수 차로 진 적이 있었다. 팬들은 난리가 났다. 돌아오지 말라고 했다. 당연한 이야기지만 지고 싶어서 진 경기가 아니었다. 대표팀은 충격과 두려움, 자책감이 혼재된 감정에 휩싸였다. 누구도 위로는 없었다. 도리어 스스로를 궁지에 몰아넣었다. 지도부 차원에서 추가 훈련을 결정했다. 집에도 못 갔다. 귀국과 동시에 한 달간의 전지훈련에 돌입했다. 반성 훈련이었다. 그런데 한 달 뒤 또 그 팀에게 졌다.

우리 축구에는 선수에 대한 감정적 배려가 전혀 없다. 이미지트레이닝도 없다. 너무 힘들었다. 국대 경기가 너무 부담스러웠다. 그러다 유럽에서 뛰게 되었는데 거기는 달랐다. 큰 게임을 4일 앞두고 있었는데 집에 가라고 하더라. 한국이라면? 절대 집에 갈 타이밍이 아니다. 그런데 집에 보내준다. 다들 집으로 돌아간다. 왜 돌려보낼까? 심리적 배려 때문이다. 큰 경기를 앞두면 선수는 감정의 소용돌이에 휩싸인다. 부정적 감정에서 잠시 거리를 두고 가족에게 격려와 신뢰를 받도록 배려한다. 그렇게 정서적으로 안정을 찾은 선수는 누가 시키지 않아도 이미지트레이닝을 하게 된다. 심리적으로 편안한 상태에서 4일 뒤에 벌어질 경기를 머릿속으로 미리 그려보는 것이다. 훈련은 꼭 몸으로만 하는 게 아니다. 실전에서의 다양한 가능성을 마음속으로 그려보면서 이럴 때는 이렇게, 저럴 때는 저렇게 대응하자고 계속 이미지트레이닝을 한다. 절대 쫓길 때는 들지 않는 생각이다. 그러나 편안한 상태에서 긍정적인 마인드가 싹트고, 그 바탕 위에서 발전적인 의미의 이미지트레이닝을 하게 된다. 그리고 놀랍게도 이미지트레이닝을 통해 마음속으로 훈련했던 그 장면이 실전에서 나오게 되면 나도 상상했던 그대로 행동하게 된다. 자연히 좋은 경기력을 선보이게 된다."

나는 그의 말을 듣고 운동과 영어가 전혀 다를 게 없다고 생각했다. 이미지트레이닝은 내가 영어 트레이닝을 할 때 쓰던 방법이었고, 수강생들에게도 강조했던 내용이다.

나는 곰곰이 그의 이야기를 곱씹다가 '부정적 감정에서 잠시 거리 두기'라는 그의 말과 마주하게 되었다.

생각에 깊이 빠지다 보면 우리는 종종 부정적 감정에 빠지게 된다. 모처럼 단단한 다짐의 벽을 세웠는데 '내가 잘할 수 있을까'라는 생각이 조금씩 구멍을 낸다. 걱정은 이내 의지와 자신감을 망가뜨린다. 이번에도 실패할지 모른다는 생각이 고개를 들고 '하기 싫다'는 합리화까지 이루어지게 되면 모처럼의 도전은 와르르 무너진다. 잠깐 고개를 절레절레 흔들며 다시 마음을 잡으려 하지만 한 번 사로잡힌 두려움은 이미 돌이킬 수 없다. 둑은 무너지고 부정의 파도가 파르르 떨고 있는 나를 집어삼킨다. 게임이 아직 끝나지 않았지만 이미 끝난 것이나 다름없다.

그래서 우리는 더욱 의식적이고 의도적으로 긍정적 이미지트레이닝을 해야 한다. 너무 모든 걸 완벽하게 해내려고 하지 말고, 최대한 사태를 단순하게 만들어서 접근해야 한다.

영어에 뜻을 두고 공부하려는 사람들 중에는 만반의 준비를 갖춘 뒤에 출발하려는 사람들이 적지 않다.

마치 내비게이션으로 최적의 길을 찾는 사람처럼 이 길 저 길 다 검색해 보고 흡족할 만한 최단 시간을 찾은 뒤에 길을 나서려는 사람들 같다. 그런데 길을 탐색하는 데 시간을 쏟은 나머지 이미 30분을 지체한다. 최상의 영어 공부법을 찾겠다고 여기저기 기웃거리며 출발을 차일피일 미루지만 결국 남는 건 무엇일까? 다양한 영어 학습법에 대한 정보는 갖고 있지만 '그 방법은 이게 안 좋아, 저 방법은 저게 안 좋아' 하며 품평만 하고 있을 뿐 도무지 앞으로 나아가려고 하지 않는다. 그런 완벽주의는 옳은가?

산악인 엄홍길 대장이 몸이 불편한 친구들과 함께 등산에 나섰을 때다. 산행은 초입부터 산만했다. 함께 길을 나선 사람들이 걱정이 태산이었다. 엄홍길 대장이 검지를 치켜들며 이렇게 말했다.

"우리 딱 한 가지만 기억합시다. 앞사람의 뒤꿈치만 보고 걷기."

지금 우리에게 필요한 건 최대한의 단순함이다. 복잡한 생각은 길을 헤매게 만들 뿐이다. 어깨에 힘을 빼고, 머리를 가볍게 비우고, 지금 내 앞에서 흘러나오는 영어를 똑같이 따라서 말해보자.

"I knew if I stayed around long enough, something like this would happen.(우물쭈물하다가 내 이럴 줄 알았지.)"

너무도 잘 알려진 영국 작가 버나드 쇼^{Bernard Shaw}의 묘비명이다.

5장

**벤쌤의
영어 패치 트레이닝
따라 하기**

큰 그림부터 그린다

❶ 목표 명확히 하기

영어 패치 트레이닝에 성공하기 위해서는 우선 목표가 확실해야 한다. 이 목표를 표현하는 말은 여러 가지가 있을 것 같다.

- 영어 트레이닝의 생활화
- 영어 학습 습관 장착
- 자동 영어 학습자 되기

그 표현이 무엇이든 가리키는 것은 똑같다. 강사나 선생, 코치의 도움 없이도 혼자서 영어 실력을 향상시킬 수 있는 상태에 이르는 게 궁극적 목표다.

일정 레벨 이상에 도달한 사람들은 한결같이 자기만의 트레이닝 방법을 갖고 있다. 시중에 나와 있는 수많은 영어책을 봐도 정상에 오르는 자신만의 코스가 다 따로 있다. 내가 강사로서 도움을 주었던 수강생들도 결국은 자기만의 방식을 찾았고, 그렇게 원하는 수준까지 도달했다. 그 방식을 찾기까지 우리는 거짓 없이 효율적으로 일정 시간 동안 노력해야 한다. 그 과정의 끝에서 '아, 이렇게 하면 되는구나!' 하고 스스로 납득할 만한 답을 찾으면 그때부터는 '영어 자립'이 가능해진다. 다만 그 길을 찾기 전까지는 지도와 나침반이 필요하다. '벤쌤의 영어 패치 트레이닝'이 그중에 하나다.

❷ 세부적 목표 달성하기

셀프 트레이닝 단계에 도달하는 것이 우리의 큰 목표라면 그 아래에 세부적인 목표들이 있다.

a. 현지에서 쓰는 영어 표현 익히기

모든 언어에는 그 언어를 지배하는 사고방식이 있다. 생각이 표현에 앞선다는 말이다. 만일 우리가 말은 영어로 하는데 생각은 한국식으로 하고 있다면 어떻게 될까? 아무리 훌륭한 현지 영어를 머릿속에 넣는다 할지라도 우리 입에서 나오는 말은 콩글리시가 되기 십상이다. 콩글리시를 쓰고 싶은가? 그렇다면 따로 영어 표현을 배울 필요는 없다. 현지 영어를 배우고 싶은가? 그렇다면 현지인들이 쓰는 영어 표현을 통해 나의 뇌에 영어식 사고를 이식해야 한다.

b. 울렁증 없이 외국인 만나서 대화하기

단순히 토익 점수를 따기 위해 영어를 배운다면 이 목표는 전혀 필요가 없다. 그러나 진짜 영어는 '영어를 쓰는 외국인'과 대화하기 위해 익히는 것이므로 울렁증 극복은 필수 목표가 된다.

c. 영어 환경 안에 나를 가두기

영어는 반드시 외국에서 배워야 한다는 건 착각이다. 설령 외국에 나가서도 영어 트레이닝에 실패하는 경우가 매우 흔한데, 그건 공간만 외국이지 문화적으로 한국어 환경에 놓여 있기 때문이다. 반면 한국에서도 스스로를 영어 환경 안에 가두면 얼마든지 영어 트레이닝이 가능하다.

d. 써먹는 영어 익히기

근사한 표현이니까 외우고 싶다? 근데 별로 써먹을 데가 없다? 그렇다면 그건 지금 우리가 배워야 할 게 아니다. 멋있는 영어, 자극적인 영어에 마음을 빼앗기지 말자. 자랑하려고 배우는 영어가 아니다. 별로 생각할 필요 없이 우리는 일상에서 자주 쓰는 표현이 무엇인지 알고 있다. 그런 기본적이며 실용적인 표현을 익히는 게 핵심이다. 써먹는 영어란 내가 배운 모든 말을 다 써먹겠다가 아니라 일상에서 자주 쓰는 표현 중심으로 익힌다는 뜻이다. 그래야 써먹을 기회를 자주 만들 수 있다.

❸ 기간 설정하기

사람마다 목표에 도달하는 시간이 다르다. 그러나 너무 긴 것은 별로 좋지 않다. 대략 5개월을 셀프 트레이닝에 도달하기 위한 기간으로 잡는다. 때에 따라 100일이 될 수도 있는데, 그건 얼마나 집중해서 노력했느냐에 따라 달라진다.

기간을 설정할 때 핵심은 일주일에 며칠, 하루에 몇 시간씩 시간을 투입할 것인가 하는 점이다. 내가 가장 이상적으로 생각하는 것은 일주일 내내, 하루에 목표로 삼은 학습량을 다 소화할 때까지이다. 그러나 지금까지 이 책을 읽었으면 알겠지만 영어 트레이닝은 교실이나 강의실, 도서관, 책상에서 하는 게 아니다. 공간은 상대적으로 자유롭고, 자세는 서 있거나 행동이 자유로운 상태여야 한다. 정적인 학습이 아니라 운동에 가까운 활동적인 트레이닝이므로 '또 도서관에 처박혀 있으라고?'라는 생각을 가질 필요가 없다. 대신 낯선 방식의 트레이닝에 적응하는 문제가 남아 있을 뿐이다.

❹ 매일 해야 하는 것

100일 혹은 5개월간 우리는 매주 5일에 걸쳐 1개의 토픽을 트레이닝한다. 이때 트레이닝이란 받아쓰기, (감정과 상황을 살려) 외우기, (감정과 상황을 살려) 연기하듯 따라 하기를 말한다.

a. 받아쓰기

받아쓰기를 하는 이유는 ① 발음을 알아듣고 ② 모르는 표현을 배우기 위해서다.

b. (감정과 상황을 살려) 외우기
외우기를 하는 이유는 새로운 영어 표현을 머릿속에 넣기 위해서다.

c. (감정과 상황을 살려) 연기하듯 따라 하기
따라 하기를 하는 이유는 영어 표현을 몸에 새기기 위해서다.

주의할 게 있다. 나는 여기서 '외우기'와 '연기하듯 따라 하기' 앞에 괄호를 넣어 '감정과 상황을 살려'라는 말을 넣었다. 아마도 외우기 단계에서 감정과 상황을 살려서 외우는 것이 동시에 되지 않을 수도 있다. 그러나 일단 시도는 해본다. 만일 감정과 상황을 살려서 외우는 게 어렵다면 일단은 표현과 발음만이라도 외운다. 그리고 연기하듯 따라 하기를 할 때 다시 감정과 상황을 살려서 연습해본다. 분명 한 번에 되지는 않을 것이다. 설령 한 번에 되더라도 오래가지 않을 가능성이 높다. 여러 차례 되풀이하며 자기 것으로 만들어야 한다.

1. 목표 명확히 하기
2. 세부적 목표 달성하기
3. 기간 설정하기
4. 매일 해야 하는 것

토픽 구하기

    토픽은 내가 5일 동안 트레이닝해야 할 재료를 말한다. 미국드라마도 좋고, 영화도 좋다. 팝송도 좋고, TV 쇼나 뉴스도 좋다. 여러 매체들을 보거나 듣다가 적합한 부분을 자르면 그게 토픽이 된다.

    그런데 처음 토픽을 구할 때 몇 가지 주의할 점이 있다.

❶ 일상생활을 주제로 삼은 것 가운데 토픽을 고를 것

    미드 〈빅뱅이론〉의 등장인물 중에 쉘든이라는 물리학자가 있다. 그는 자주 전문용어를 쓴다. 예컨대 어떤 장면에서 그가 스마트폰을 이용해 명상을 하는데 '조용하고 평화로운 곳에 앉아 있는 것을 상상해 보라'는 얘기를 듣고선 '나는 지금 초고속 입자가속기에 앉아 있다'라고 바꿔말한 부분이 있다. 우리가 영어를 배우면서 초고속 입자가속기라는 단어를 듣고 말할 기회가 얼마나 될까? 그러므로 그런 표현이 수두룩한 미드나 영화는 피한다(물론 미드 〈빅뱅이론〉에는 일상에서 써먹을 수 있는 표현이 엄청 많다). 예컨대 범죄수사물 같은 것도 좋지 않은 예에 속한다. 어떤 표현이 자주 등장할지 추측해 보라. '죽여!', '저 자가 범인입니다.'

    반면에 〈프렌즈Friends〉라는 미드에서는 쉬운 표현을 하기 때문에 초보자가 처음에 진입하기에 좋다. 그래서 미국 사극이나 옛날식 영어를 쓰는 드라마만 아니라면 굳이 최신 유행일 필요는 없다. 대신 〈프렌즈〉처럼 표현이 쉬운 드라마나 〈빅뱅이론〉처럼 표현 수준이 다양한 드라마를 찾는 게 좋다.

❷ 즐길 것

재미 삼아 본다. 팬이 되어 즐기면 더 좋다. 푹 빠져서 보아야 배역들의 감정선을 이해하게 되고 상황을 알게 된다. 그 상태에서 '저 표현 좋은데?', '저런 말을 영어로 써먹고 싶은데?' 하는 부분을 만나면 해당 부분을 잘라서 토픽으로 삼는다(다시 한 번 강조하지만 생활에서 쓰임직한 표현을 찾는 게 핵심이다!). 단 미드는 최대 두 개까지만 보는 것을 추천한다. 너무 많이 미드를 감상하게 되면 자칫 영어 트레이닝이 아니라 미드 광팬이 돼버려 초심이 흔들려버릴지도 모른다. 물론 시간이 없다면 안 봐도 무방하다.

❸ 영어 자막은 구글에서 구할 것

구글 검색창에 'Big Bang Theory script'를 입력하면 다음처럼 검색 결과가 뜬다.

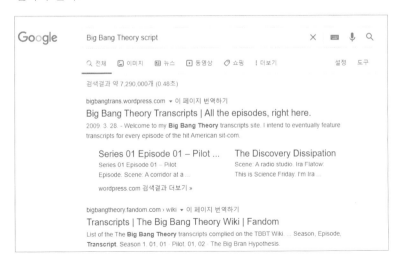

첫 번째 링크를 클릭하면 해당 화면으로 이동한다. 그러면 우측에 시리즈별 에피소드 자막이 순서대로 보일 것이다. 'Series 01 Episode 01'을 클릭하면 화면에 자막이 뜬다. 드래그-복사하기-붙이기 해서 사용한다.

❹ 이와 같이 총 20개의 토픽을 구할 것

5개월에 100개의 토픽미션을 수행하게 된다. 그러면 한달에 20개의 토픽을 구해야 한다. 토픽 구성은 다음과 같이 하기를 추천한다.

2분 영화 6편 + 2분 미드 6편 + 1분 영상 8편 = 20토픽

아래는 토픽 샘플로, 내가 실제로 트레이닝에 사용한 재료들 중에서 엄선한 것이다. 그러나 이 샘플을 너무 절대시하지 않아도 좋다. 본인이 좋은 걸 찾아보면서 감을 익히는 것이 좋다.

- 추천 미드 : 프렌즈(Friends), 빅뱅이론(The Big Bang Theory), 모던 패밀리(Modern Family), 내가 그녀를 만났을 때(How I Met Your Mother) 등

- 토픽 1개의 길이 : 2분 기준으로, 최소 1분이상 최대 3분 이하

- 토픽 선택의 기준 : 1. 내가 관심이 있는 것, 내가 목표하고 있는 나의 미래와 연관이 있는 것을 토픽 중 하나로 택할 것. 요리를 좋아하거나 장래에 요리사가 목표라면 요리 프로그램에서도 토픽을 구함. 2. 회화체가 들어간 토픽을 구할 것. 너무 고급어휘, 너무 전문용어는 학습능률을 떨어뜨린다. 문어 형태의 토픽보다는 구어 형태를 구할 것. 3. 화질이 좋은 영상을 구할 것. 근래 영어 유튜버가 올리는 영상은 교재로 안성맞춤. 4. 공감할 수 있는 내용일 것. 일상을 다루고 있는 내용일 것.

- 토픽 샘플

  - **빅뱅이론**The Big Bang Theory, **총 11분 13초**

    - Sheldon and Spider-man quote (1분 14초)

    - Howard and Estrogen (2분 16초)

    - Penny's got a part on a TV show (5분)

    - He tries to be supportive, but pisses her off? (2분 43초)

    - Sheldon's haircut record (3분 28초)

(※참고로 유튜브에서 'Sheldon and Spider-man'을 검색하면 해당 부분만 잘라낸 영상을 찾을 수 있다. 이밖에도 많이들 올려놓았다. 단, 음질이 떨어지거나 자막이 입혀진 것은 활용도가 떨어질 수 있다.)

- 프렌즈Friends

  - They can't quit the gym and the bank (4분 15초)

  - Phoebe runs weird (4분 15초)

- 매드 맨Mad Men

  - You should've written it down (3분 14초)

- 1분 영상 소스

  - (TED) How to start a movement (1분 15초)

  - (TED) Try something new for 30days (3분 28초)

  - (연설문) How to define success by 오프라 윈프리 (1분)

  - (유튜버) BUZZ 60 : Dog won't leave his dead friend on side of the road (1분)

  - (유튜버) HOWCAST : How to tip | Good Manners (1분 40초), Body Language Do's & Don'ts | Good Manners (2분 40초)

- 팝송

  - (팝송) Billionaire by Bruno Mars

  - (팝송) Someone Like You by Adele

  - (팝송) Just The Way You Are by Bruno Mars

  - (팝송) Marry You by Bruno Mars

  - (팝송) Try Everything (Zootopia) by Shakira

트레이닝 스타트! – 인풋

❶ 토픽 이해하기

우선은 내용을 이해하는 게 첫 순서다. 자막과 함께 영상을 보면서 내용을 파악하는 시간을 갖는다.

❷ 한 문장씩 받아쓰기

우선 자막을 없앤 다음 한 문장씩 잘라서 본다. 그리고 들리는 만큼 받아쓰기를 한다.

❸ 모르는 단어와 표현 배우기

"I think we should be good neighbours, invite her over, make her feel welcome."

예를 들어 〈빅뱅이론〉을 보다가 이런 문장을 들었다고 해보자. 앞쪽은 어떻게 알아들었는데 뒤쪽이 잘 들리지 않는다. 영어 자막을 통해 표현을 확인해 보니 두 개의 숙어가 쓰였다.

- invite (her) over : '(그녀)를 초대하다'
- make (her) feel (welcome) : (그녀)가 (환영받았다)고 느끼도록 하다

대충 알 것 같다고 느끼더라도 절대 그냥 넘어가지 말고 사전이나 인터넷 등을 통해서 해당 표현을 찾아본다. 구글에서 'invite her over'를 검색한다.

가장 먼저 뜨는 게 롱맨 사전Longman Dictionary이다. 클릭한다.

invite somebody over

Longman Dictionary of Contemporary English의 정의

invite somebody **over** (also **invite somebody round** *British English*)   **phrasal verb**

to ask someone to come to your home, usually for a drink or a meal

for

🔊 Max has invited me over for dinner.

→ invite→ 동사표 보기

말뭉치의 용례

invite over
- In her turn Miss Poole **invited the three over**.
- Now I could call other parents on the spur of the moment, arrange overnights for Janir or **invite his friends over**.
- Large corporations will be **invited to take over** farming.
- Iain had **invited him over** for a meal.
- She had **invited us over** for dinner.
- He's **invited us over** to his place for the circus and if we like it we can have one here.
- While the pie is cooling **invite some friends over** to share it with you.

invite for
- Just this once, let them help you out. **Invite them over for** a card game or a barbecue.
- Iain had **invited him over for** a meal.
- She continued as if nothing was wrong, even **inviting him over for** breakfast once a week.
- Every month Rachel would **invite me over for** dinner, and I would respectfully decline.
- She had **invited us over for** dinner.
- He was one of her several younger brothers and she had **invited him over for** the summer.

이 숙어가 'invite somebody over' 형태임을 확인하고, 영국에서는 'over' 대신 'round'가 쓰인다는 것도 간략히 살펴본 다음 풀이한 말도 읽어본다. '누군가를 당신의 집으로 오도록 요청한다. 보통은 술이나 식사 자리다.' 그다음이 중요한데 아래에 있는 예문들을 꼭 소리 내어 읽어본다. 알고 지나가는 것만으로는 부족하다. 유용한 표현을 소리 내어 읽음으로써 내 입에서 나오게 만드는 것이 중요하다.

구글만 있어도 단어나 숙어를 충분히 찾을 수 있다. 사전을 추천하자면 롱맨 사전이나 콜린스 코빌드 사전Collins Cobuild Engilsh Dictionary이 좋다. 어플을 설치하는 것도 좋다. 더구나 구글의 경우 단어나 관련 표현의 이미지를 확인할 수 있다는 장점도 있다. 이미지로 배우는 것도 영어를 익히는 흥미로운 방법이다.

❹ 발음 익히기

앞서도 언급한 적이 있는데 영어 알파벳의 기초적인 발음을 연습하고(우리말에 없는 소리가 너무 많다), 몇 가지 발음상 특징을 공부한 다음에 영어 트레이닝을 시작하는 게 좋다. 위의 숙어가 안 들리는 첫 번째 이유가 표현을 몰랐기 때문이다. 표현을 배웠으니 다시 들어보자.

"인바이러~어(r발음) 오버"

발음은 결코 문자로 다 표현할 수 없다. 그럼에도 굳이 써보자면 이런 식이다. 'invite'와 'her'가 한 단어가 된다. 't'와 'h'가 여리게 발음되며 뭉치는 현상이다. 이런 부분을 들을 수 있어야 듣기가 해결이 된다.

"메이커~어(r발음)"

'make her'도 이렇게 들린다. '메일 허'라고 두 단어를 분리해서 발음 하지 않는다. 이건 들으면서 익숙해지는 방법밖에 없다.

❺ 리듬 익히기

"I **think we** should be **good neighbors, invite** her **over, make** her feel **welcome**."

"We don't **mean** to **interrupt**. We **live** across the **hall**."

(빅뱅이론 중에서 시즌 1에서 레너드의 대사 중에서)

내용상 중요한 부분은 강조해서 말하는 게 영어의 가장 기초적인 특징이다. 중요한 포인트를 강조하다 보면 자연스레 리듬이 생긴다. 랩을 하는 것처럼 들리는 이유도 이 때문이다. 그러나 위의 굵은 글씨만으로 리듬을 표현하는 데 한계가 있다. 귀로 높낮이와 강조점을 들어보는 게 중요하다. 영상을 보면서 최대한 귀에 익게 만들자.

❻ 체화하기

❶~❺번까지 반복하면서 토픽 전체를 공부한 뒤 본격적으로 체화하는 단계로 돌입한다. 체화하기의 목표는 그냥 단순히 외우기가 아니다. 상황에 대한 이해를 바탕으로 감정을 실어서 표현하는 게 목표이다. 따라서 초기 단계에서부터 감정과 상황을 염두에 두면서 체화하기를 시작한다. 단, 감정을 실어서 체화하는 게 힘들면 일단 표현 자체를 외우는 것부터 시작한다. 카페에서 친구와 큰소리로 수다 떨 때의 목소리 크기를 유지하면서 소리 내어 체화해보자.

자리에서 일어섯! - 아웃풋

❶ 감정 실어 연기하기

당신의 이름은 김민준이다. 그러나 이제부터는 김민준이 아니라 레너드다. 당신의 이름은 이지연이다. 그러나 이제부터는 이지연이 아니라 페니다. 우리는 〈빅뱅이론〉의 한 인물이 된다. 설령 토픽에는 두 명 이상의 인물이 나오더라도 하나의 배역만 맡는다. 그 인물이 되어본다. 그 인물이 처한 환경을 생각하고, 그의 감정을 생각한다. 그렇게 조금씩 젖어든다. 마음이 레너드로 물들면 이제 토픽을 시작해 보자. 레너드가 대사를 하는 순간만큼은 반드시 레너드가 된다.

처음에는 토픽의 표현이 입에 붙지 않아서 감정과 상황까지 고려할 만큼 여유가 없을지 모른다. 만일 그렇다면 그 수준에서 입에 붙이는 연습을 한다. 점점 익숙해져 가는 느낌이 들면 감정을 고려한다. 감정선을 살리는 게 관건이다. 어느 정도 연습이 되었다 싶으면 자신의 연기 장면을 녹화한다. 녹화를 한 번에 마치려고 하지 말자. 싱글 앨범을 발표하는 가수처럼, 영화감독에서 소개 영상을 보내는 연기 지망생처럼 잘 만들어보자. 이런 트레이닝에 익숙해질수록 우리의 목표는 더욱더 가까워진다. 첫 목표를 그 시간을 단축하는 것으로 잡는 것도 나의 발전상을 확인하는 좋은 방법 가운데 하나가 된다.

참, 이제부터는 자리에 앉아서 할 필요는 없다. 필요하다면 토픽 속 인물과 똑같은 자세를 취해 본다. 굳이 집에서 할 필요도 없다. 일이 있다면 밖에 나가라. 나가는 중에 해보라. 큰소리로 하는 게 부담스럽다면 중얼거려 보라. 그것도 안 되면 속으로라도 해보라. 또한 길을 가면서 방금 트레이닝한 표현들을 써먹을 수 있는 상황을 호시탐탐 노려라.

❷ 이제부터 진짜 영어다 – 응용하기

a. invite somebody over

당신은 방금 'invite (her) over'를 트레이닝했다. 그런데 '그녀'만 초대해야 하나? 때로는 '나'도 초대를 받을 수 있고, '그'도 초대할 수 있다. 때로는 '초대할까?'라고 물어야 할 때도 있고, '초대해 줘서 고마워'라고 표현해야 할 때도 있다. 이제 살아 있는 영어의 세계가 시작된다. 다만 그런 상황에 처하지 못했다고 '응용하기'를 게을리하면 안 된다. 상상력을 적극 발휘하자.

지금 제임스의 초대를 받았다고 생각해 보자. 지금 당신은 그의 집 앞이다. 초인종을 누르니 문이 열리고 제임스가 활짝 웃는 얼굴로 나를 반겨준다. 인사가 오고 간 후 뭐라고 말할까?

"Thanks for **inviting** me **over**.(나 초대해 줘서 고마워.)"

초대 문화가 일상인 미국인들이 진짜 많이 쓰는 표현이다. 뭐라고 발음하는지 찾아서 확인해 보고 그대로 따라 한다.

그 집에 들어갔더니, 오 마이 갓! 전 남친이 저만치 서 있다. 아니, 제임스는 왜 재까지 부른 거야?

"Why would you **invite** him **over**?(왜 저놈을 초대했어?)"

아무튼 즐거운 저녁 파티를 마치자 나도 친구들을 초대하고 싶다는 생각이 들었다. 제임스에게 다가가서 말한다.

"I'd like to **invite** you **over** for dinner next weekend.(너를 다음 주말에 저녁 자리에 초대하고 싶어.)"

제임스가 반색한다. 그리고 보니 존은 제임스의 베프다. 존도 불러야 지 않을까?

"(Do) You want me to **invite** John **over**?(존도 부를까?)"

b. make somebody feel welcome

친구가 우거지상이다. 'Why the long face?'다. 기분을 풀어주고 싶다. 드라이브를 제안하고는 이렇게 덧붙인다.

"I'll **make** you **feel** better.(기분 좀 나아지게 해줄게.)"

드라이브를 하면서 무슨 일이 있었는지 묻는다. 친구는 여자 친구에 게 잘못을 저질렀고, 그래서 반성문을 쓰고 있다고 한다. 반성문이나 쓰고 있는 자신이 처량한지 친구는 이렇게 덧붙인다.

"She **made** me **do** it.(그녀가 이렇게 하게 만들었어.)"

'make (me) do'는 나는 그럴 의사가 없지만 누군가가 나를 그렇게 만 들었다는 뜻을 표현할 때 쓰는 말이다. 여자 친구가 하도 잔소리를 해 서 어쩔 수 없이 다이어트를 하게 된 남자라면 이렇게 표현할 수 있다.

"She **made** me **go** on a diet.(그가 나를 계속 다이어트하게 해.)"

c. Should + have 형태의 의문문

'should + have' 형태의 의문문은 아쉬움이나 후회하는 마음을 나타

내는 표현이다. '~했어야 했나?'라는 의미다. 초대 상황으로 돌아가 보자. 페니를 초대하지 않은 게 내내 마음에 걸린다.

"**Should** (we) **have** (invited) (her for lunch)?(그녀를 점심에 초대했어야 했나?)"

이 문장에서 괄호 부분만 바꾸면 다양한 상황에서 아쉬움과 후회를 나타내는 표현이 된다.

- **Should** (I) **have** (ordered) (Americano)?(아메리카노 시킬 걸 그랬나?)
- **Should** (I) **have** (ordered) (Jajangmyeon)?(짜장면을 시킬 걸 그랬나?)

여기에 새로운 표현 'ask somebody out(데이트를 신청하다)'를 붙이면 더 근사한 영어가 된다.

- **Should** (I) **have** (asked) (her out)?(그녀에게 데이트 신청을 해야 했나?)

d. I want you to be happy

이 표현도 정말 많이 쓴다. '나는 네가 행복하길 바라'라는 뜻인데 다음과 같이 응용할 수 있다.

- I **want** you **to** (listen to me).(내 말 좀 들어줘.)
- I **want** you **to** (love me).(나 좀 사랑해 줘.)
- I **want** (my work) **to** (be meaningful).(내 업무가 보람되면 좋겠어.)
- I (don't) **want** you **to** (buy those shoes).(네가 이 신발을 사지 않았으면 좋겠어.)
- I (didn't) **want** (it) **to** (be over).(끝나지 않길 바랐어.)

- (He didn't) **want** (anybody) **to** (see him cry).(그는 자신이 우는 것을 누구에게도 들키고 싶지 않았어.)
- (They don't) **want** (me) **to** (quit the job).(그들은 내가 일을 그만두기를 바라지 않아.)

응용 방식을 보면 알겠지만 주어가 'I → he → they'로, 동사가 'want → don't want → didn't want'로, 목적어가 'you → it → anybody → me'로 바뀐다. 그리고 뒤 문장이 상황에 따라 달라진다. 이처럼 하나씩만 바꾸면 다양한 상황에서 하고 싶은 말을 할 수 있게 된다. 응용은 영어를 살아 있게 만드는 유일한 방법이다.

써먹기 미션

써먹기 미션은 영어 트레이닝의 백미이자 최종 과정이다. 써먹기는 아웃풋의 연장이기는 하지만 앞서 설명한 아웃풋과 다른 점이 한 가지 있다. 실전이라는 사실이다. 따라서 외국인 울렁증을 극복하고, 영어 자신감과 성취감을 느껴 보며 성장하는 게 중요하다. 써먹기를 위한 미션들을 소개한다.

❶ 매일 1분 영상 찍기(최소 첫 일주일이 지난 뒤부터 도전)
영어일기도 좋다. 어떤 주제도 좋다. 1분 동안 전달하고 싶은 것을 말

한다. 단, 다음 두 가지를 꼭 지킨다.

첫째, 배운 표현을 최대한 활용한다. 콩글리시를 하지 말자. 기존에 알고 있는 하지만 확신 없는 표현들은 거의 콩글리시일 확률이 높다. 배웠고 내 것으로 만든 것을 써먹어야 한다. 그 표현들을 응용하여 내가 하고 싶은 말을 한다. 토픽 트레이닝이 누적될수록 당신이 쓸 수 있는 표현은 기하급수적으로 늘어난다. 하나의 좋은 표현은 그 안에 '응용'이라는 무궁무진함을 지니고 있다. 하나가 열이 되고, 하나와 하나가 만나 스물을 만든다.

둘째, 꼭 영상을 촬영한다. 이유는 여러 가지다. 다시 볼 수 있다. 내가 뭐가 부족한지 스스로 알 수 있다. 알면? 고칠 수 있다. 셀프 피드백이 가능하다. 단, 손이 오그라드는 첫 순간의 고비만 잘 넘기자. 그 고비만 넘기면 대나무 자라듯 쑥쑥 크는 자신의 모습을 보게 된다.

참고로 유튜브 채널을 개설하는 것도 추천한다. 이 무슨 자랑이라고 동네방네 소문내냐고 생각지 말자. 유튜브에 올리면 그만큼 내가 절실하다는 뜻이자 그만큼 목표 달성에 근접할 수 있다는 뜻도 된다. 스스로의 실행에 자극을 가하자.

❷ 외국인과 거리 인터뷰(마지막 5개월째 3~4회)

나의 영어가 얼마나 늘었는지, 얼마나 자연스러워졌는지 확인할 시간이다. '예전에도 해봤는데 꼭 이걸 해야 하나? 부끄러운데' 하는 사람이 꽤 많다. 그런데 예전에 했던 것은 성장하기 전이고, 그때는 아마도 한국식 사고에 토대를 둔 영어를 썼을 가능성이 크다. 미션의 막바지에

온 당신은 다르다. 기존에 알던 영어와 새로 습득한 영어를 자연스럽게 섞어서 외국인에게 말해보자. 보는 눈이 달라질 것이다. 상황이 허락한다면 외국인에게 한국인만 아는 맛집을 소개해 주고, 재회의 기회를 만들어보는 것도 좋은 방법이다.

❸ 3분 스피치(파이널 미션)

3분 동안 영어로 혼자 이야기할 수 있다면 누구와도 대화가 가능하다. 외국계기업의 영어 인터뷰도, 관광지 맛집 소개도, 나의 꿈 발표도 다 가능하다. 생각해 보면 우리말 3분 스피치도 쉽지 않다. 그래서 3분 영어 스피치는 도전 가치가 있다. 이 도전은 영어 패치 트레이닝의 마지막 관문이다. 만일 같이 공부한 팀원이 있다면 그들을 앞에 두고 3분 동안 이야기한다. 내가 다녀왔던 가장 좋았던 곳, 나의 꿈, 내가 즐겨 찾는 맛집, 나만 알고 있는 우리나라의 숨은 명소 등등 주제는 스스로 정한다. 최소 3분으로 생각하고 시작하고, 최대 시간은 굳이 정하지 말자. 길면 길수록 좋다. 할 수 있다는 생각으로 시작하자. 스스로를 믿자.

❹ 30개 질문 대답하기(파이널 미션)

유튜브를 보면 질문을 구할 수 있다. 간단한 질문 20개와 진지한 질문 10개를 찾아서 정해진 시간 안에 대답한다. 외국인이 실제로 묻는다고 생각하고 과연 나는 어떻게 대답할 것인지 고민 후에 영상을 촬영한다. 충분히 연습한 뒤에 영상을 찍어도 된다. 갑작스레 질문을 받으면 우리말로도 답변이 어렵다. 그래서 준비가 필요하다. 이 최종 미션을 훌륭히 통과했는지는 본인 스스로 알 수 있다. 이 표현이 맞는지 의구심이 없고, 자기 확신에 가득 차서 대답을 했다면, 혹은 그런 확률이 높다면 성공이다. 검증된 영어를 내가 쓰고 있다는 느낌만이 나를 저 위쪽으로 끌어올린다.

❺ 팀원과 자유주제로 대화하기(마지막 5개월째 주 3회)

만일 같이 공부하는 팀원이 있다면 추천하는 방법이다. 팀원들과 자유주제로 영어 대화를 나눈다. 이 트레이닝은 순발력을 기르는 데 좋다. 5개월을 열심히 달려온 사람이라면 자기도 모르게 툭툭 튀어나오는 영어 표현에 깜짝 놀랄 수 있다. 내가 이 표현을 어떻게 알았는지 신기하게 느껴진다면 그게 바로 영어 패치 트레이닝의 힘임을 알게 된다. 훌륭하다. 그 표현은 완벽히 당신의 것이다.

당신에게 진짜 주고 싶은 것

나는 한때 요리사였다. 학업과는 거리가 멀었으니 요리사라도 되어 먹고살아야겠다고 생각을 했다. 나름 요리하는 게 익숙해지고 재미도 붙일 무렵이었다. 어느 날 요리를 배우던 친구가 물었다.

"이 요리는 어떻게 하는 거야?"

만일 당신이 이런 질문을 들었다면 그가 무엇을 원한다고 생각하겠는가? 당연히 요리법일 것이다.

"이건 말이지, 삶는 시간이 중요해. 불 크기를 이 정도로 조절하고, 물의 양도 이 정도로 맞추고, 정확히 10분간 익히면 돼. 약 7분이 넘어갈 즈음에는 불을 최대한 줄여서 김으로 마지막을 익히는 거야. 뜸 들이듯이."

그랬더니 친구가 손사래를 친다.

"아니, 그건 됐고. 맛있네. 더 없냐?"

당장 먹을 걸 내놓아라…. 이게 오늘날 우리 학생들이 영어 강사에게 요구하는 핵심이다. 오래된 명언이지만 이런 상황에 딱 어울리는 유대인 문구가 있다. '자녀에게 물고기를 잡아주지 말고 물고기 낚는 법을 알려주라.'

우리는 지금까지 물고기 먹는 법에 익숙해졌다. 물고기를 잡아다가 입에 떠먹여 주는 강사가 몸값도 비싸다. 그렇게 물고기를 받아먹고 치른 시험이 성적도 좋으니 배우는 학생들도 물고기를 사기 위해 강의를 끊는다.

그렇게 지금껏 우리는 지내왔다. 그러고는 갑작스레 길이 끊어진 곳에 도달한다. 폭포다. 지금껏 받아먹은 영어로는 더 이상 갈 곳이 없다는 사실을 알게 된 순간이다. 어떻게 해야 할까?

시험과는 인연이 없고, 점수나 등수와도 거리가 먼 삶을 살아왔던 나도 한때는 점수를 위한 영어에 내 소중한 시간을 낭비한 적이 있었다. 그러나 그 어렵다는 토플 고득점이 실은 아무런 쓸모도 없다는 사실을 알게 된 후로 나는 완전히 다른 방법으로 영어에 몰입하기로 마음 먹었다. 먹었다. 물고기를 잡아주던 그런 학습법이 아니라 물고기 낚는 방법을 내 몸에 장착하기로 하고 영어 패치 트레이닝을 시작했다.

그 방법을 수강생들의 몸에 이식하는 게 나의 강의 목표이기도 했다.

그게 나를 다른 강사와 구분 짓는 기준이었고, 나를 종로 YBM어학원의 1타강사로 만들어준 힘이기도 했다. 그런 관점에서 내가 당신에게 알려주고 싶은 한마디가 있다.

"How do you say this in English?(이건 영어로 어떻게 말해?)"

이 표현에서부터 시작해 보자. 짧으면 100일 만에, 넉넉잡아도 5개월이면 충분히 당신은 영어 셀프 트레이닝이 가능한 수준에 도달한다. 그 사이 자연스럽게 쌓이게 되는 영어실력은 기대치를 넘어서게 된다. 그 정도 영어 실력만으로도 여행 영어, 일상생활 영어는 충분히 가능해진다. 그러나 나의 목표는 그 이상이다. 협상하고, 연애하고, 분쟁을 해소하고, 역사를 이해하고, 마음을 교류하고, 나를 세계 속에서 성장시킬 수 있는 영어가 되려면 조금 다른 영어 트레이닝이 필요하다. 셀프 영어 트레이닝이 가능해지는 수준, 귀와 말뿐 아니라 생각까지 영어 패치가 되는 수준에 이르기. 그게 당신이 도달하기를 바라는 나의 목표다. 최대한 단순한 마음으로, 기존의 영어 학습에 대한 편견을 버리고 바로 시작해 보자.

특별부록

30일 패턴
이것만 알아도
영어로 말한다

DAY 1

Are you ~?

너 ~이니?(~하니?)

설명 상대방의 행동이 아닌 상태를 질문할 때 쓰는 표현

발음 질문이기 때문에 끝을 올려주는 게 포인트

· **Are you** American?
미국인이세요?

· **Are you** hungry?
배고프니?

· **Are you** on vacation?
지금 휴가 중이야?

· **Are you** afraid of bugs?
벌레 무서워하니?

 **이런 말도 할 수 있어요.**

Are you

DAY 2

I'll(I will) ~

나는 ~할 거야.

설명 말하고 있는 시점에 무언가를 하기로 결정하는 경우에 쓰는 표현

발음 '아이윌'이 아닌 '알'로 발음하는 것이 포인트

- **I'll** call you later, OK?
  (전화를 못 받는 상황) 내가 나중에 전화할게.

- **I'll** help you out.
  (도움이 필요해 보이는 친구에게) 내가 도와줄게.

- **I'll** get you some coffee.
  (집에 놀러 온 친구에게) 내가 커피 좀 가져다줄게.

- **I'll** have a cheeseburger and French fries.
  (식당에서) 치즈버거와 감자튀김을 먹을 거야.

이런 말도 할 수 있어요.

I'll

DAY 3

I'm going to ~

~하려고 해.

설명 말하고 있는 시점 이전에 무언가를 하기로 이미 결정해 놓았을 때 쓰는 표현

발음 '아이엠/고잉투'가 아니라 '암고잉투'로 발음하는 것이 포인트

· **I'm going to** quit my job.
(일을 그만두기로 이미 결정한 상황에서) 나 일 그만둘 거야.

· **I'm going to** do the laundry.
(빨래하려고 이미 결정한 상황에서) 나 빨래할 거야.

· **I'm going to** ask her out.
(데이트 신청하려고 이미 결정한 상황에서) 나 그녀에게 데이트 신청할 거야.

· **I'm going to** pay for dinner.
(저녁 사겠다고 이미 결정한 상황에서) 저녁은 내가 살 거야.

이런 말도 할 수 있어요.

I'm going to

I want to ~
~하고 싶어.

설명 'want to' 다음에 동사를 넣어 무언가를 하고 싶다고 말할 때 쓰는 표현

발음 'want to'는 '원트투'가 아니라 '원투' 혹은 '워너'로 발음하는 것이 포인트

· **I want to** go home.
  나 집에 가고 싶어.

· **I want to** have my own car.
  나는 내 차를 갖고 싶어.

· **I want to** be honest with you.
  나 너에게 솔직하게 말하고 싶어.

· **I want to** eat something spicy.
  뭔가 매운 걸 먹고 싶어.

📖 **이런 말도 할 수 있어요.**

I want to

This is ~

이것은 ~이다.

설명 대상의 상태를 말할 때 쓰는 표현

발음 '디스/이즈'처럼 뚝뚝 끊어서 읽지 않고 '디시즈'처럼 발음하는 것이 포인트

- **This is** for you.
  이것(선물)은 너를 위한 거야.

- **This is** for the picnic.
  이것(김밥)은 소풍을 위한 거야.

- **This is** my car.
  이것은 내 차야.

- **This is** my friend, Ben.
  이 사람은 내 친구 벤이야.

💬 **이런 말도 할 수 있어요.**

This is

DAY 6

I think ~

~인 것 같아.

설명 '~라고 생각해'나 '~인 것 같아'라는 말을 하고 싶을 때 쓰는 표현

발음 '아이띵크'에서 멈추지 말고 뒤에 'you'가 오면 '아이띵큐', 'it's'가 오면 '아이띵킷츠'
로 발음하는 것이 포인트

• **I think** it's a good idea.
좋은 생각인 것 같아.

• **I think** It's too expensive.
이건 너무 비싼 것 같아.

• **I think** you went too far.
네가 너무했던 것 같아.

• **I think** I'm coming down with a cold.
나 감기 기운이 있는 것 같아.

📱 **이런 말도 할 수 있어요.**

I think

- -

- -

- -

DAY 7

I know ~

~를(을) 알고 있어.

설명 무엇인가를 알고 있다고 말할 때 쓰는 기본적인 패턴

발음 '아/이/노/우'처럼 뚝뚝 끊어서 읽지 않고 '아이노우'처럼 리듬을 넣어 발음하는 것

이 포인트

- **I know** the recipe.
  나 그거 어떻게 만드는지 알아

- **I know** who you are.
  네가 누구인지 알아.

- **I know** how you feel.
  네가 어떤 기분인지 알아.

- **I know** what you mean.
  네 말 무슨 뜻인지 알아.

 이런 말도 할 수 있어요.

I know

There's(is) / There're(are) ~
~이(가) 있다.

설명 사물이나 사람이 어디에 있다는 말을 할 때 쓰는 표현

발음 '대얼ㅅ'와 '대얼('there'과 발음 같음)'로 축약해서 발음하는 것이 포인트

- **There's** a pharmacy around the corner.
  가까운 곳에 약국이 있어.

- **There's** something wrong with my computer.
  내 컴퓨터에 문제가 있어.

- **There're** two cats under the table.
  테이블 아래에 고양이 두 마리가 있어.

- **There're** so many people at the concert.
  콘서트장에 사람이 너무 많아.

이런 말도 할 수 있어요.

There's/There're

Would you ~

~를(을) 좀 해줄 수 있어요?

설명 상대방에게 뭔가 정중하게 부탁할 때 쓰는 표현

발음 '우드/유'처럼 뚝뚝 끊어서 읽지 않고 '우쥬'로 자연스럽게 발음하는 것이 포인트

- **Would you** give me a hand?
  나 좀 도와줄 수 있어요?

- **Would you** do me a favor?
  내 부탁 좀 들어줄 수 있어요?

- **Would you** take me home?
  나 집에 좀 데려다 줄 수 있어요?

- **Would you** give me a wake-up call?
  모닝콜 좀 해줄 수 있어요?

📨 **이런 말도 할 수 있어요.**

Would you

- -

- -

- -

DAY 10

It seems like/that ~
~인(한) 것 같아.

설명 확신은 없지만 느낌상 상황이 그런 것 같을 때 쓰는 표현

- **It seems** like you're so busy these days.
  너 요즘 아주 바쁜 것 같아.

- **It seems** like it's going to rain.
  비가 올 것 같아.

- **It seems** that this work will never end.
  이 일이 끝나지 않을 것 같아.

- **It seems** that nobody knows the truth.
  아무도 진실을 모르는 것 같아.

이런 말도 할 수 있어요.

It seems like/that

DAY 11

Thank you for ~
~해서 고마워.

설명 'thank you' 뒤에 'for'을 붙여서 무엇에 대해 고맙다고 할 때 쓰는 표현

· **Thank you for** the advice.
충고해 줘서 고마워.

· **Thank you for** everything.
여러 가지로 고마워.

· **Thank you for** having us.
우리 초대해 줘서 고마워.

· **Thank you for** taking me home.
집에 데려다 줘서 고마워.

 **이런 말도 할 수 있어요.**

Thank you for

I hope ~

~했으면 좋겠어.

설명 앞으로 어떤 일이 일어나길(혹은 일어나지 않기를) 바랄 때 쓰는 표현

· **I hope** you like it.
네가 좋아했으면 좋겠어.

· **I hope** you get well soon.
(상대방이 아플 때) 빨리 나아지면 좋겠어.

· **I hope** it snows on Christmas.
크리스마스에 눈이 왔으면 좋겠어.

· **I hope** it doesn't rain tomorrow.
내일 비가 안 왔으면 좋겠어.

이런 말도 할 수 있어요.

I hope

I need ~

~이(가) 필요해.

설명 어떤 것이 필요하다고 말하고 싶을 때 쓰는 표현

- **I need** you.
  나는 네가 필요해.

- **I need** a new laptop.
  나는 새 노트북이 필요해.

- **I need** some advice.
  나는 조언이 필요해.

- **I need** a pen.
  나는 펜이 필요해.

💬 **이런 말도 할 수 있어요.**

I need
- -

- -

- -

I have~

~를(을) 갖고 있어.

어떤 것을 가지고 있다고 말할 때 쓰는 표현

- **I have** a headache.
  두통이 있어.

- **I have** two children.
  아이가 둘 있어.

- **I have** a lot of work to do.
  할 일이 많아.

- **I have** something to say to you.
  너한테 할 말이 있어.

이런 말도 할 수 있어요.

I have

You should~

~를(을) 하는 게 좋겠어.

상대방에게 권유나 충고를 할 때 쓰는 표현

- **You should** go see a doctor.
  너 병원에 가보는 게 좋겠어.

- **You should** try this on.
  이 옷 한번 입어보는 게 좋겠어.

- **You should** apologize to her first.
  네가 먼저 그녀에게 사과하는 게 좋겠어.

- **You should** go home and get some rest.
  너 집에 가서 쉬는 게 좋겠어.

이런 말도 할 수 있어요.

You should

- -

- -

- -

Let's~

함께 ~하자.

함께 무언가를 하자고 제안할 때 쓰는 표현

- **Let's** have fun.
  재미있게 놀자.

- **Let's** go out for dinner tonight.
  오늘 저녁은 외식하자.

- **Let's** call it a day. *call it a day: ~을 그만하기로 하다.
  오늘은 여기까지 하자.

- **Let's** grab a bite. *grab a bite: 간단히 먹다.
  간단히 뭐 좀 먹자.

이런 말도 할 수 있어요.

Let's

DAY 17

How long ~?

~하는 데 얼마나 걸려?

설명 시간이 얼마나 걸리는지 물을 때 쓰는 표현

- **How long** does it take by taxi?
  택시로 가면 얼마나 걸려?

- **How long** will it take to get there?
  거기까지 가는 데 얼마나 걸려?

- **How long** does it take to make pasta?
  파스타 만드는 데 얼마나 걸려?

- **How long** does it take to fly to Hawaii?
  하와이까지 가는 데 얼마나 걸려?

이런 말도 할 수 있어요.

How long

- -

- -

- -

It takes ~

~이(가) 걸려(필요해).

설명 얼마만큼의 시간이 걸린다, 혹은 노력이 필요하다고 할 때 쓰는 표현

- **It takes** only five minutes by taxi.
  택시로 가면 딱 5분밖에 안 걸려.

- **It takes** several hours to get there.
  거기까지 가는 데 몇 시간 걸려.

- **It takes** a long time to learn a language.
  언어를 배우는 것은 오랜 시간이 필요해.

- **It takes** a lot of courage.
  그것을 하려면 많은 용기가 필요해.

이런 말도 할 수 있어요.

It takes

DAY 19

I'm worried about ~

~이(가) 걱정이야

설명 어떤 상황에 대한 걱정과 불안한 마음을 말할 때 쓰는 표현

- **I'm worried** about my parents.
  나는 우리 부모님이 걱정이야.

- **I'm worried** about my driving test.
  운전면허시험이 걱정이야.

- **I'm worried** about losing my job.
  직장을 잃을까 봐 걱정이야.

- **I'm worried** about messing up the presentation. *mess up: 망치다.
  발표를 망칠까 봐 걱정이야.

 **이런 말도 할 수 있어요.**

I'm worried about

I'm sorry ~

~해서 미안해, ~여서 유감이야

설명 잘못한 일에 대한 사과 또는 불행한 일에 대한 유감을 말할 때 쓰는 표현

- **I'm sorry** for the inconvenience.
  불편을 끼쳐 죄송합니다.

- **I'm sorry** to keep you waiting.
  기다리게 해서 미안해.

- **I'm sorry** that they broke up.
  그들이 헤어져서 유감이야.

- **I'm sorry** that you're not feeling well.
  몸이 안 좋다니 유감이야.

📢 **이런 말도 할 수 있어요.**

I'm sorry

DAY 21

Why don't you ~?

~하는 게 어때?

설명 권유나 제안을 할 때 쓰는 표현

- **Why don't you** take a taxi?
  택시 타는 게 어때?

- **Why don't you** tell me the truth?
  나에게 솔직히 말해주는 게 어때?

- **Why don't you** have some coffee?
  커피 좀 마시는 게 어때?

- **Why don't you** leave me alone?
  날 가만히 놔두는 게 어때?

이런 말도 할 수 있어요.

Why don't you

DAY 22

I wonder ~

~인지 궁금해

설명 확신이 없이 궁금해할 때 쓰는 표현

- **I wonder** what is in the box.
  저 상자 안에 뭐가 들어 있는지 궁금해

- **I wonder** why she is so mad at me.
  그녀가 나에게 왜 그렇게 화가 났는지 궁금해.

- **I wonder** if it is true.
  그것이 사실인지 궁금해.

- **I wonder** if he can do this.
  그가 이걸 할 수 있을지 궁금해.

이런 말도 할 수 있어요.

I wonder

DAY 23

I heard ~

~를(을) 들었어

설명 누군가로부터 무슨 소식을 들었다고 말할 때 쓰는 표현

· **I heard** you got a promotion.
  네가 진급했다는 소식 들었어.

· **I heard** you came back.
  네가 돌아왔다고 들었어.

· **I heard** you bought a car.
  너 차 샀다는 소식 들었어.

· **I heard** Jenny and Mike are getting married.
  제니와 마이크가 결혼할 거라고 들었어.

이런 말도 할 수 있어요.

I heard

I'm afraid ~

~를(을) 무서워해

설명 어떤 대상에 대한 두려움을 말할 때 쓰는 표현

- **I'm afraid** of heights.
  나는 높은 곳을 무서워해.

- **I'm afraid** of the dark.
  나는 어두운 곳을 무서워해.

- **I'm afraid** of bugs.
  나는 곤충을 무서워해.

- **I'm afraid** of ghosts.
  나는 귀신을 무서워해.

이런 말도 할 수 있어요.

I'm afraid

DAY 25

You'd better ~

~하는 게 좋겠어

설명 안 하는 것보다 하는 게 좋을 것 같을 때 쓰는 표현

· **You'd better** get going.
너 가는 게 좋겠어.

· **You'd better** watch out.
너 조심하는 게 좋겠어.

· **You'd better** bundle up.
옷 좀 껴입는 게 좋겠어.

· **You'd better** slow down.
속도를 줄이는 게 좋겠어

 **이런 말도 할 수 있어요.**

You'd better

I'd(I would) rather ~

~보다는 차라리 ~하는 편이 낫겠어

설명 대상을 비교해서 차라리 이걸 하겠다고 말할 때 쓰는 표현

· **I'd rather** buy a new laptop.
차라리 새 노트북을 사는 게 낫겠어.

· **I'd rather** stay home tonight.
차라리 집에 있는 게 낫겠어.

· **I'd rather** drink water than coffee.
커피를 마실 바엔 차라리 물을 마실래.

· **I'd rather** die than surrender.
항복할 바엔 차라리 죽겠어.

이런 말도 할 수 있어요.

I'd rather

I used to ~

예전에는 ~였지(하곤 했지)

설명 예전에는 였지만(했지만) 지금은 안 하는 것을 말할 때 쓰는 표현

- **I used to** be very shy.
  나 예전에는 수줍음이 많았어(지금은 수줍음이 없다).

- **I used to** have very long hair.
  나 예전에는 머리가 길었어(지금은 긴 머리가 아니다).

- **I used to** smoke.
  나 예전에는 담배를 피웠어(지금은 담배를 안 피운다).

- **I used to** like carrots.
  나 예전에는 당근을 좋아했어(지금은 당근을 안 좋아한다).

🗨 **이런 말도 할 수 있어요.**

I used to

That's(That is) what ~

~이(가) 바로 그거야

상대방이 한 말 또는 지목한 무엇을 가리킬 때 쓰는 표현

- **That's what** I made.
  내가 만든 게 바로 그거야.

- **That's what** I was looking for.
  내가 찾던 게 바로 그거야.

- **That's what** I'm thinking.
  내가 생각하는 것이 바로 그거야(나도 그렇게 생각해).

- **That's what** I bought for her birthday.
  내가 그녀의 생일선물로 산 게 바로 그거야.

📮 **이런 말도 할 수 있어요.**

That's what

DAY 29

When ~
~할 때

설명 특정한 시점을 말할 때 쓰는 필수 패턴 *가정이 아닌 시점

· **When** I am nervous, my hands shake.
나는 긴장할 때 손이 떨려.

· **When** I was a child, I wanted to be a doctor.
어렸을 때 나는 의사가 되고 싶었어.

· **When** I was your age, we didn't even have a TV.
나 때는 말이야, 심지어 텔레비전도 없었어.

· **When** we save enough money, we'll go on a trip to Europe.
돈을 충분히 모으고 나서 우리 유럽여행 갈 거야.

이런 말도 할 수 있어요.

When

- -

- -

- -

DAY 30

If ~

만약 ~한다면

설명 어떤 상황을 가정해서 '~하면 ~하겠다'고 말할 때 쓰는 표현 *시점이 아닌 가정

· **If** I make a lot of money, I'll buy a sports car.
만약 돈을 많이 벌게 되면 스포츠카를 살 거야.

· **If** it rains, we'll just have to reschedule it.
만약 비가 오면 계획을 다시 세워야 해.

· **If** you get lost, just give me a call.
만약 길을 잃어버리면 내게 전화해줘.

· **If** the restaurant is closed, what should we do?
만약 식당이 문 닫았으면 어떻게 하지?

이런 말도 할 수 있어요.

If

영어 때문에 멘붕 오는 당신을 위한

영어가 만만해지는 책

1판 2쇄 인쇄 2020년 8월 10일

지은이 벤쌤
발행인 김형준
편집 서정욱
디자인 오성민
발행처 체인지업
출판등록 2020년 4월 13일 제25100 – 2020 – 000023호
주소 서울특별시 노원구 동일로 1619 – 18
전화 02 – 6956 – 8977 **팩스** 02 – 6499 – 8977
이메일 change-up20@naver.com
홈페이지 www.changeuplibro.com

© 벤쌤, 2020

ISBN 979-11-970659-2-7 13190

체인지업은 내 삶을 변화시키는 책을 펴냅니다.